畅销近百万册《企业文化手册》的全新升级版

企业文化建设
从理念意识到行为习惯

孙法平　贾文慧 ◎ 编著

QIYE WENHUAJIANSHE

助力企业创造新颖、高效的文化氛围，以理念意识为导向，以行为习惯为途径，化"虚"为"实"，唤起员工心中潜藏的活力、热情、责任感和创造力。

人民日报出版社

图书在版编目（CIP）数据

企业文化建设：从理念意识到行为习惯／孙法平，
贾文慧编著. -- 北京：人民日报出版社，2018.2
ISBN 978-7-5115-5209-9

Ⅰ.①企… Ⅱ.①孙…②贾… Ⅲ.①企业文化-建设-中国 Ⅳ.①F279.23

中国版本图书馆 CIP 数据核字（2018）第 000475 号

书　　名：企业文化建设：从理念意识到行为习惯
作　　者：孙法平　贾文慧

出 版 人：董　伟
责任编辑：刘天一
封面设计：陈国风

出版发行：人民日报出版社
地　　址：北京金台西路2号
邮政编码：100733
发行热线：（010）65369527　65369846　65369509　65369510
邮购热线：（010）65369530　65363527
编辑热线：（010）65369844
网　　址：www.peopledailypress.com
经　　销：新华书店
印　　刷：北京德富泰印务有限公司

开　　本：710mm×1000mm　　1/16
字　　数：195 千字
印　　张：14.75
印　　次：2018 年 8 月第 1 版　　2018 年 8 月第 1 次印刷
书　　号：ISBN 978-7-5115-5209-9
定　　价：45.80 元

前言
Preface

　　文化，是一个非常广泛和颇具人文意味的概念，它是区别于政治和经济的人类全部的精神活动和产品。要给文化下一个准确或精确的定义，是一件非常困难的事情。因为文化的内涵和外延都非常宽泛，包含人们的衣、食、住、行、往来沟通、言语交流、风俗习惯等诸多方面。如果非要给文化一个定义的话，那么文化就是用来熏陶和转化人们心灵的语言、文字、图画、艺术、制度、规范、道德、理念、信仰抑或生活习惯、风土人情、工作模式、交流方式等等。

　　正是因为文化的概念如此宏大和深刻，所以对于社会的作用广泛而深远。文化是一个民族的精神和灵魂，是社会发展的恒久动力，更是人类长盛不衰的不竭源泉。

　　企业也是一样，文化是企业的精神和灵魂，是企业生命力、竞争力和发展力的源泉。正因如此，现代企业都越来越重视文化的建设。自20世纪80年代，"企业文化"这一概念从日本、美国引入我国，经过20多年的消化、吸收和发展，更多的企业把企业文化建设作为企业发展战略的重要内容付诸实施，企业文化的建设和发展如火如荼，方兴未艾。

　　但是，相对于企业的生产、经营和管理的具体实质而言，企业文化其实是相对空泛和抽象的。它更多地表现在企业的精神层面，表现为企业的使命、愿景、精神、宗旨、价值观和经营理念等形而上的形式。要想将这些形而上的理念转化为形而下的具体内容，并推广、落实、渗透到企业的方方面面，深植于员工的内心，并化作员工的日常行为模式并不容易。因此，企业在建设企业文化时就会有些力所不逮之感。如何将抽象的文化内容转化为具体的行为模式，正是当前众多着力于打造企业文化的企业亟须解决的难题。

本书通过对企业文化理念意识的深入分析和研究，提出了将企业文化的理念意识转化为行为习惯的方式和方法，探讨了企业在建设企业文化过程中如何让企业文化有效落地的问题，详细分析了企业文化各个组成部分的落地方法和途径，以期对企业的文化建设有所裨益。

目录 Contents

第一章 树立企业文化理念：让文化意识深入企业核心

> 企业文化是企业在生产经营实践中形成的，为全体员工所认同并遵守的、带有鲜明企业特点的使命、愿景、宗旨、精神、价值观和经营理念，以及这些理念在生产经营实践、管理制度、员工行为方式与企业对外形象的总和，是全体员工共同认同的价值理念和行为准则。企业文化是企业最持久、最顽强、最具激励作用的核心竞争力，也是区分不同企业的最醒目标志，更是企业发展的灵魂和核心。

1. 企业文化：企业的灵魂和旗帜　/ 2
2. 完善企业文化三大要素——愿景、使命、价值观　/ 4
3. 塑造共同愿景，激发全员工作激情和奉献热情　/ 8
4. 承担共同使命，营造认同感和归属感　/ 12
5. 铸就共同价值观，凝聚全企业的力量　/ 15
6. 打造企业良好形象，重视 VI、MI、BI 建设　/ 19
7. 锻造企业精神，形成企业文化的坚固内核　/ 26

第二章　弘扬企业家精神：管理者要做企业文化的倡导者

> 企业文化建设的核心是企业家，是企业管理者，只有他们率先垂范，弘扬企业家精神，把企业家精神贯注于企业文化之中，倡导优秀的企业文化，在企业中营造良好的文化氛围，才能使企业文化推广开去。

1. 企业家要有"企业家精神"　/ 36
2. 让企业家精神成为企业文化的"发动机"　/ 39
3. 全力倡导企业文化，模范践行企业文化　/ 42
4. 以企业家精神激励自我，激励员工　/ 45
5. 不断学习，做企业文化的领头人　/ 48

第三章　营造文化氛围：把文化意识传递给每一个员工

> 一个优秀的企业内，一定有一个好的企业文化环境和氛围，每一个员工都对企业文化理念了如指掌。因为良好的文化氛围是锻造良好企业文化的土壤和温床，也是把企业文化的理念传递给所有员工的重要媒介。故而营造良好的企业文化氛围，是企业文化建设的重要内容之一。

1. 恪守企业道德，遵守法律法规　/ 54
2. 弘扬诚信理念，成为企业诚信的"代言人"　/ 57
3. 担起企业使命，汇聚强大的凝聚力　/ 61
4. 打造企业品牌，让员工引以为荣　/ 66
5. 建设企业特色文化，提升企业辨识度　/ 71
6. 铸就企业归属文化，增强员工主人翁意识　/ 74

 目 录

7. 锻造企业自律文化，自动自发践行企业文化 / 79

第四章 建立企业制度文化：文化行为的养成需要制度的约束

> 企业制度文化是企业为实现自身目标，对员工的行为给予一定限制的文化，它具有共性和强有力的行为规范性。这种规范性是一种来自员工自身以外的、带有强制性的约束，它规范着企业的每一个人。而正是这种规范，使企业文化的落实更为一致。

1. 习惯养成靠制度，以企业制度建设推动企业文化形成 / 84
2. 完善企业各项制度，有规矩才有方圆 / 86
3. 集思广益，让每个员工参与文化制度的制订 / 89
4. 严格执行制度，制度面前人人平等 / 91
5. 赏罚分明，树立制度权威 / 96
6. 自觉维护制度文化，培养遵章守纪好习惯 / 100

第五章 建设企业行为文化，培养良好的日常行为习惯

> 企业行为文化即企业在经营管理、日常工作及人际关系等活动中表现出来的特色和风采。企业行为文化能清晰地反映出企业的经营作风、价值观念、员工素质和工作习惯等文化特征。有着优秀行为文化的企业，日常工作中就会自然而然地表现出代表着企业文化内涵的行为，并以此展示和提升企业的形象。

1. 制订礼仪规范，日常行为礼貌第一 / 106
2. 统一形象规范，员工形象是企业文化的信使 / 109
3. 强化工作规范，倡导标准化作业 / 115

4. 重视会议规范，提高会议效率　　/ 119

5. 公共场合行为规范，时刻维护企业形象　　/ 122

第六章　打造企业责任文化：高度的责任心是企业兴盛的前提

> 企业责任文化，是指员工在生产经营实践中形成的，为企业高度负责的理念、精神和行为准则，是以社会责任理念为导向的企业文化。企业把责任理念植入到企业文化当中，并以此规范员工行为，提升员工责任意识，以此来引导和规范企业及员工的责任行为，打造高效负责的企业形象。

1. 把责任作为企业至高无上的行为准则　　/ 126

2. 构筑责任体系，全面提升员工责任意识　　/ 129

3. 把责任落实到每一个工作细节中去　　/ 134

4. 重罚不负责任的行为　　/ 137

5. 消除任何借口，倡导人人负责　　/ 140

6. 履行社会责任，树立企业形象　　/ 145

第七章　弘扬企业合作文化：团结一心构建一流团队

> 合作文化，是指企业内员工之间相互协作、互帮互助、分享共赢的文化现象。优秀的合作文化不仅能很好地促进员工间的团结协作，和谐共进，分担风雨，共享成功，而且能把每一个员工都连在一起，使企业凝成一个整体。大家心往一处想，劲往一处使，形成强大的合力，让企业无往而不胜。

1. 团队协作是企业文化建设的重要内容　　/ 150

2. 倡导团队精神，以团队利益为重　／152
3. 弘扬奉献精神，树立"人人为我、我为人人"的理念　／155
4. 和睦相处，形成良好的人际关系　／158
5. 合作共赢，形成"命运共同体"　／161
6. 加强自我和谐，以自我和谐带动企业和谐　／165

第八章　推行企业创新文化：让每一个员工都成为企业创意先锋

> 如果说创新是企业发展和强盛最强大的动力的话，那么创新文化则是企业持久兴旺的灵魂。创新文化是企业创新的原动力，是员工创新的热土地。创新文化所营造出来的浓厚的创新氛围和良好的创新风气，会极大地激活企业创新细胞，释放员工智慧潜能，让企业呈现出人人创新的勃勃生机。

1. 激活企业创新细胞，人人都是创意先锋　／172
2. 鼓励岗位创新，创新文化是岗位创新的土壤　／176
3. 制订创新文化机制，保障创新推进　／178
4. 引进创新方法和技巧，提高员工创新素质　／182
5. 大力开展"五小"活动，鼓励人人创新　／191
6. 创建企业"创新工作室"，引领创新潮流　／194
7. 弘扬"创客文化"，鼓励微创新　／197

第九章　贯彻企业管理文化：让企业文化有效落地

> 企业文化建设的最终落脚点是企业管理。如何通过企业文化建设促进企业管理，扩大企业影响，提升企业效益，增加企业竞争力，是企业文化建设的终极目的。如何在企业管理中渗入文化理念，让企业文化有效落地，是管理文化的要义。

1. 以企业核心价值观管理企业 / 202
2. 让企业文化理念贯穿管理的始终 / 204
3. 强化民主管理，尊重每一个人 / 207
4. 善用激励管理，充分激发员工的潜能 / 209
5. 加强育人管理，大力提供培训学习的机会 / 214
6. 革新企业文化，建设互联网时代的特色文化 / 217
7. 开展企业文化测评，促进企业文化不断完善 / 220

第一章 树立企业文化理念：让文化意识深入企业核心

企业文化是企业在生产经营实践中形成的，为全体员工所认同并遵守的、带有鲜明企业特点的使命、愿景、宗旨、精神、价值观和经营理念，以及这些理念在生产经营实践、管理制度、员工行为方式与企业对外形象的总和，是全体员工共同认同的价值理念和行为准则。企业文化是企业最持久、最顽强、最具激励作用的核心竞争力，也是区分不同企业的最醒目标志，更是企业发展的灵魂和核心。

① 企业文化：企业的灵魂和旗帜

企业文化，也称作组织文化，是一个企业在生产经营活动中形成的、带有鲜明企业特征的价值观、信念、仪式、符号、使命、宗旨、原则、信仰、理念以及由这些衍生出来的管理制度、经营理念、行为模式及企业对外形象的总和。它是一种具有企业个性的信念和行为方式。

对于企业来说，企业文化是最持久、最顽强、最具激励作用的灵魂和核心，是企业发展的不竭动力和永恒源泉，同时也是企业特征的最醒目标志。企业文化对于企业的作用巨大而深远。中外知名企业，无一不是文化建设成就卓著的企业，无一不是企业文化与经营管理完美融合的企业。这些成功企业的鲜明文化特质，如同企业的名片、企业的性格、企业的灵魂，展示着企业的行为准则、经营信仰和精神追求，代表着企业独特的形象，也激励着企业不断向前。

优秀的企业文化是企业发展不可或缺的精神力量和道德规范，对企业发展具有强大的导向、规范、凝聚和激励作用。企业文化对企业的最终意义，是把企业的价值观念和经营理念化为全体员工的行为模式和日常习惯，促进企业的长久发展。企业文化绝不是几句口号或是几章条文，它是一个企业真正有价值、有魅力的内核，能够真正流传下来，成为一个企业永久核心的灵魂。企业文化就像一面旗帜，对外树立的是企业的形象和信誉；对内是企业凝聚力和向心力的根本源头。具体说来，企业文化对于企业发展的作用和功能体现在五个方面。

（1）凝聚功能

企业文化可以把员工紧密地联系在一起，形成强大的向心力，使员工万众一心、步调一致，为实现目标而努力奋斗。事实上，企业员工凝聚力的基础是企业的明确目标。企业文化的凝聚力来自于企业根本目标的正确选择。如果企业的目标既符合企业的利益，又符合绝大多数员工个人的利益，即是一个集体与个人双赢的目标，那么这个企业凝聚力产生的利益基础就具备了。否则，无论采取哪种策略，企业凝聚力的形成都只能是一种幻想。

（2）引力作用

优秀的企业文化，不仅仅对员工具有很强大的引力，对于合作伙伴如客户、供应商、消费者以及社会大众都有很大的引力；优秀的企业文化在稳定人才和吸引人才方面起着很大的作用。在同样的条件下，没有人不愿意去一个更好的企业工作，也没有哪一个客户不愿意和更好的企业合作。企业文化的引力作用使企业具有无限的魅力。

（3）导向功能

企业文化就像一个无形的指挥棒，让员工自觉地按照企业要求去做事。企业核心价值观与企业精神，发挥着无形的导向功能，能够为企业和员工提供方向和方法，让员工自发地去遵从，从而把企业的发展与个人的意愿和远景统一起来，促使企业发展壮大。

（4）激励功能

优秀的企业文化无形中对员工起着激励和鼓舞的作用，良好的工作氛围自然会让员工享受工作的愉悦。如果在一个相互扯皮、钩心斗角的企业里工作，员工自然就享受不到和谐和快乐，反而会产生消极的心理。企业文化所形成的文化氛围和价值导向是一种精神激励，能够调动与激发职工的积极性、主动性和创造性，把人们的潜在智慧诱发出来，使员工的能力得到全面发展，增强企业的整体执行力。

（5）约束功能

企业文化本身就具有规范作用，其包括道德规范、行为规范和仪式规范。当企业文化上升到一定高度的时候，这种规范就形成无形的约束力，它让员工明白自己行为中哪些不该做、不能做，提高员工的自觉性、积极性、主动性和自我约束，使员工明确工作意义和工作方法，从而提高员工的责任感。

企业文化建设是企业生存和发展的重要战略资源和宝贵的物质及精神财富，是提高企业整体素质和核心竞争力的重要内容，是构建和谐企业的关键因素。谁掌握了先进的企业文化，谁就能掌握企业建设的主动权。因为优秀的企业文化对企业发挥着重要作用。优秀的企业文化是一种"黏合剂"，可以把广大员工紧紧地黏合、团结在一起，使员工明确目的、步调一致，为了企业的共同愿景而不懈努力。因而企业文化既成为企业发展的核心和灵魂，又成为企业前进的方向和旗帜。

② 完善企业文化三大要素——愿景、使命、价值观

企业文化有广义和狭义两种理解。广义的企业文化是指企业所创造的具有自身特点的物质文化和精神文化；狭义的企业文化是企业所形成的具有自身个性的经营宗旨、价值观念和道德行为准则。愿景、使命和核心价值观，这三个企业文化的核心要素犹如企业航行中的灯塔和航标，引领着企业乘风破浪，一直向前。因而要建设企业文化，首先要理解和完善这三个要素。

第一章 树立企业文化理念：让文化意识深入企业核心

(1) 愿景

愿景，简单地说，就是愿望的图景，即对愿望具体描绘出的图景。企业愿景是指企业的长期发展愿望及对未来状况、发展蓝图和永恒追求的具体描绘。

在一些观念中，人们认为愿景就是目标。这种说法有些道理，却又不完全正确。目标是一个清晰的路牌，人们往往看到这个路牌就能知道自己下面该往哪儿走。而愿景不一样，愿景比目标模糊，但更宏大，它是人们心中的愿望，当你看到这个愿景时，你看到的不是一个具象的路牌，而是一幅你愿意终生为之奋斗的美好景象，一个改变世界改变他人生活的梦想。

企业愿景包括企业长期发展的方向、目标、目的、自我设定的社会责任和义务，明确界定公司在未来社会范围里是什么样子。其"样子"的描述主要是从企业对社会或国家的影响力、贡献力、企业未来发展规模、形式及地位等的表述。

企业愿景解决企业是什么，要成为什么的基本问题，是对企业未来发展的一种期望和描述。只有清晰地描述企业的愿景，员工、社会、投资者和合作伙伴才能对企业有更为清晰的认识。一个美好的愿景能够激发人们发自内心的感召力量，激发人们强大的凝聚力和向心力。

管理大师德鲁克认为，企业要思考三个问题：第一个问题，我们的企业是什么？第二个问题，我们的企业将是什么？第三个问题，我们的企业应该是什么？我想这也是思考企业文化的三个原点。其实这三个问题集中起来就体现了一个企业的愿景。

作为企业，就是要用愿景告诉员工：我们是什么？我们为什么？我们干什么？愿景要让员工能够和企业一起分享对未来的憧憬，让员工对未来有更深的期待，让员工获得一种强大的事业意义感。

说得再明白一些，企业愿景就是一种激发所有人潜能的企业梦想。人类因梦想而伟大，企业也会因愿景而强盛。企业愿景就是企业的梦想。比尔·盖茨当年说："计算机进入家庭，放在每一张桌子上，使用微软的软件。"这在当时看上去是一个多么遥不可及的目标，如今，他的梦想已经完全实现。马云当年仅有 50 万元，却豪言"要每年缴税 100 亿"，到今天，他的梦想也全部实现！

梦想通常会使人感到不可思议，但又会不由自主被它的力量所感染。愿景的力量应该在于它是处于可实现而又不可实现的模糊状态，它既是宏伟的又是激动人心的。假如愿景是那么轻易就可以实现的话，又怎么会有激动人心的力量呢？所以一个定位选择准确和表达出色的企业愿景，应当是可以实现而又不是轻易能实现的、能体现企业长期追求的目标和梦想；有鲜明的行业和企业个性特征，并且这样的梦想能被企业绝大多数成员认同并付诸行动。这样的愿景就会为企业指引正确的方向，唤起全员心中希望；增进企业内各部门的合作和协调；同时激发全体成员最大的潜在力量。好的企业愿景，就像企业远航的灯塔，成为一种精神的归宿，成为员工永不枯竭的力量源泉。

一个优秀的企业愿景，应该是一个共同愿景，它能够涵盖个人的愿景、团队愿望和企业的大愿望，从而构成一个企业的愿景体系，成为企业所有人的共同愿景。

(2) 使命

使命，本意是指使者的任务和责任，在今天已经泛指一切任务和责任。企业使命就是企业当仁不让的责任，是企业的终极目标，是企业贯穿始终的头等任务。就是企业为什么而存在、企业应该做什么、企业想要什么、企业不能放弃什么。

一个企业的使命必须超越企业生存本身，就像一个人要志存高远一样。管理大师托马斯·彼得斯曾经说过："一个伟大的组织能够长久生存下来，最主要的条件并非结构形式或管理技能，而是我们称之为信念的那

第一章 树立企业文化理念：让文化意识深入企业核心

种精神力量，以及这种信念对于组织的全体成员所具有的感召力。"这种精神力量有着内在的激情，可以焕发出人内心的一种崇高的责任感，企业使命就是这种精神力量。企业的使命就是为了焕发起企业所有员工的这种崇高使命感，找到企业生存发展的目的和意义。许多伟大的企业都有自己独特的企业使命。比如，Facebook 的使命是：让世界更加开放，更加紧密相连；华为的使命是：聚焦客户关注的挑战和压力，提供有竞争力的通信解决方案和服务，持续为客户创造最大价值；通用电器的使命是：以科技及创新改善生活品质；格力的使命是：让世界爱上中国造！

（3）核心价值观

企业核心价值观是企业文化建设的基础和前提，是指企业在追求经营成功过程中所推崇的基本信念和奉行的目标，即对企业性质、目标、经营方式的取向作出的选择，是员工所接受的共同观念，是长期积淀的产物，是把所有员工联系在一起的纽带，是企业生存发展的内在动力，是企业行为规范制度的基础。如果说规章制度是企业的法律，那么核心价值观就是企业的道德。彼得·德鲁克曾经说过："一个企业不是由它的名字、章程和公司条例来定义的，企业只有具备了明确的任务和目的才可能制订明确和现实的企业目标。"

企业核心价值观是企业全体或多数员工一致赞同的关于企业意义的终极判断，解决企业员工对行为对错的共识，自觉让自己的行为与企业标准对齐；核心价值观也是员工认同企业目标、愿景和追求的前提，从而使所有员工形成一种共同的境界。大家站得高了，看得远了，有目标了，就不迷茫了。这些都是核心价值观的作用。

核心价值观的作用是巨大的，尤其是在我们企业外部环境价值观扭曲或者价值观混乱，对员工产生冲击时，核心价值观的作用就更为关键。同样，伟大的企业也都有自己的核心价值观，并且依托核心价值观取得了巨大的成功。如谷歌的核心价值观是：一切以用户为本，其他自然接踵而来。海尔的核心价值观是：创新、真诚。中国电信的价值观是：全面创新、求真务实、以人为本、共创价值。

③ 塑造共同愿景，激发全员工作激情和奉献热情

企业文化三要素中，愿景是文化建设的基础之一。杰克·韦尔奇被称为"20世纪最伟大的首席执行官"，他认为，领导人的第一要务就是"设立愿景，使愿景体现在生活作息中，并激发团队去实现它"。

前面我们说过，企业愿景就是企业的长期发展愿望及对未来状况、发展蓝图和永恒追求的具体描绘。企业的愿景不仅仅与企业有关，还与企业中的每一个人，甚至每一件事情息息相关，只有将企业中员工个人的愿景、企业管理者的愿景和企业本身愿景有机融合，并形成被企业上下都承认的"共同愿景"，才能真正成为企业愿景。

共同愿景，就是企业组织中所有成员共同的、发自内心的意愿，这种意愿不是一种抽象的东西，而是具体的能够激发所有成员为这一愿景而奉献的任务、事业或使命，它能够创造巨大的凝聚力，使企业爆发出巨大的发展活力。

>>>

1945年，27岁的山姆·沃尔顿用从岳父手里借来的2万美元，在美国的一个小镇开设了第一家杂货店，并于1962年正式启用"沃尔玛"的企业名称。1970年，沃尔玛公司股票在纽约证券交易所挂牌上市。

对7岁就开始卖报纸、送牛奶的沃尔顿来说，薄利多销才是

第一章 树立企业文化理念：让文化意识深入企业核心

商业成功的不二法门，"天天低价"成为公司经营哲学的基础。他的追求是：给普通百姓提供机会，使他们能买到与富人一样的东西。为此，他为公司制订了三条座右铭："顾客是上帝""尊重每一位员工""每天追求卓越"。

1989年，沃尔顿被诊断出患有恶性骨髓癌，当年公司销售额为243亿美元。到了2000年，沃尔玛公司的销售额达到了1290亿美元，成为世界上最有实力的零售商，列《财富》杂志全球500强排行榜第二位，次年跃升为第一位。

创始人沃尔顿的目标实现了，可是他本人早在1992年便离开了人世，并没有看到这一幕。那么为什么沃尔玛依旧能够一直朝着沃尔顿规划的方向发展呢？这一点令人匪夷所思。究其根源，就是因为沃尔顿曾经提出了美好愿景：使普通百姓能买到与富人一样的东西！

这样的愿景朴实而伟大，因此能够引发共鸣。我们看到，很多著名企业的愿景都十分朴素，贴近人们的生活，也接近真善美。

愿景对于员工而言，并不是被强迫灌输到脑内的一种想法，而是一种发自内心的美好愿望。如美国汉诺瓦保险公司的总经理欧白恩所说："我的愿景对你并不重要，唯有你的愿景才能够激励你自己。"

因此，共同愿景的树立，是员工愿景和企业愿景的有机融合，必须由个人愿景和企业愿景汇聚而成。要建立企业的共同愿景，就必须持续不断地鼓励员工树立个人愿景。如果一个人没有自己的个人愿望，那么他对企业的共同愿景的态度就只会是附和、顺从，而不会是发自内心的真正意愿。只有将企业强大的共同愿景转化为自己的个人目标，才能激励自己，让自己为这个宏大的理想而奋斗。

个人愿景，植根于个人价值观、愿望、目标和利益之中，它是个人持续行为的内在动力。共同愿景是由个人愿景汇聚而成的。借着汇集个人愿景，共同愿景获得能量和培养行为。因为"别人的愿景有时对你并不重要，唯有你自己的愿景才能够激励你自己"。

企业的共同愿景必须构筑在个人愿景之上。共同愿景不同于个人愿景，它源于个人愿景，又高于个人愿景。共同愿景的实现过程同时也是个人愿景的实现过程。沃尔玛的例子中，共同愿景来自沃尔玛的创始人，这是最常见的一种方式，一个人为了一个愿景而创立企业，从而将更多的人带动其中。很多企业的共同愿景都是如此。

>>>>>>>>>>>>>>>>>>>>>>>>>>>>>>>>

例如，比尔·盖茨的愿景是"使每一个人桌上都放置一台电脑"，之后他将自己的愿景与微软的愿景融合，并加入员工的愿景，从而成就了微软这个伟大的公司。

亨利·福特的愿景是"使汽车大众化"，福特还进一步表达他的愿景："我要为大众生产一种汽车……它的价格如此之低，不会有人因为薪水不高而无法拥有它，人们可以和家人一起在上帝赐予的广阔无垠的大自然里陶醉于快乐的时光……"这样的愿景融入福特公司的愿景之中，成就了一个伟大的汽车公司。

菲利浦莫瑞斯的愿景是"击败RJR，成为全球烟草第一"；华为愿景是"丰富人们的沟通和生活"；索尼公司的愿景是"成为世界上最知名的企业，改变日本产品在世界上的劣质形象"……

<<<<<<<<<<<<<<<<<<<<<<<<<<<<<<<<

这些美好的愿景有些看起来很宏大，有些看起来很微小，但无疑，他们的出发点都是伟大的——改变并且改善人们的生活，造福全人类。正是因为这些愿景，才能让几乎所有人都为之一振，让他们企业千千万万的员工为之努力。

每个人的愿景都可以被分解成一些片段，塑造共同愿景就需要在这些片段中寻找出能够反映组织方向、整体利益、长远可能的东西，然后再在此基础上进行拼接、提炼、加工。这样做的意义是：一方面使个人愿景中的闪光点保留下来，让其继续发光；另一方面，也能够使个人愿景不够清晰的图像在整体图像中渐渐变得清晰完整起来，使共同愿景成为员工们的共同创造物，也使员工们能够真正感到这愿景是我的，也是你的，我们都有责任为之奋斗。

企业一旦寻找到了共同愿景，就已经开了一个极好的头。然而，在企业内部构建起这个共同愿景仍有很长的一段路要走。构建共同愿景主要有以下几种基本途径。

(1) 培养共同语言

共同语言能够反映出这些企业员工的共同点，如共同价值观、共同兴趣，共同使命等。共同语言的存在对于共同愿景的形成至关重要。因为共同愿景是每个人个人愿景的一部分，这一小部分应当符合大家个人愿景的特征，而共同愿景本身就应该用企业内部全体员工的共同语言来表达，只有这样的共同愿景才是为大家所认可的。

(2) 开展团队学习

要想在员工中间形成共同语言，首先要做的就是组织大家进行团队学习。团队必须在学习过程中能够萃取出高于个人智慧的团队智慧，并将之创造升华。此外，良好团队学习的展开，需要既具有创新性而又协调一致的行动。在学习过程中发掘出新型的学习方式，发挥大家的主观能动性，从学习中形成团队的共同语言。

(3) 进行深度会谈

深度会谈可以打开员工们的内心，挖掘出他们心中所想，这种对谈是无关输赢的，最重要的是发掘出员工内心的能量和潜力。在深度会谈过程中，必须有善于指导、善于倾听的导师，更需要员工的大力配合。

(4) 实现自我超越

自我超越是指员工们需要不断突破自己的成就、目标和愿望，从而给自己定立新的目标、愿望或愿景。当然，他还必须不满于现状、永远饱含追求新目标的动力。只有做到这些，才能够真正地做到超越自我。只有不安现状，奋力挣脱脚下的土壤，去寻找更远大的前程，企业的共同愿景才能得到实现。在企业共同愿景的实现过程中，激励一直是最好的力量，企业管理者需要激励员工，员工更需要每时每刻激励自己，从而超越现实，实现远大的愿景。

④ 承担共同使命，营造认同感和归属感

使命，原本是指使者的任务和责任，也指特别重大的任务或责任。这个词有着浓烈的庄严肃穆之感，有"天将降大任于斯人"的意味。马克思对使命的定义是这样的："作为确定的人、现实的人，你就有责任，就有使命，就有任务，至于你是否意识到这一点，那是无所谓的。这个任务是由于你的需要及其与现存世界的联系而产生的。"对于一个企业来说，企业的使命同样如此，企业诞生之际就有其独特的使命，管理者要做的就是把这个使命具象化、魅力化，使所有的员工都清楚企业的使命和自己的责任，并自觉自愿主动积极地担当起自己的使命，从而营造出良好的认同感和归属感，使企业的使命成为所有员工的共同使命。

企业在塑造共同愿景的时候，也会发现共同使命是不可忽视的一个环节。当人们的个人愿景转变成了共同愿景之时，一种使命感常常因此应运而生。共同愿景与企业使命感也是相辅相成的。实现共同愿景的前提是要使企业内的成员拥有使命感，即实现这一共同愿景的使命感。

第一章 树立企业文化理念：让文化意识深入企业核心

企业愿景和企业使命都是对一个企业未来的发展方向和目标企业使命的构想和设想，都是对未来的展望、憧憬。然而，两者不可混为一谈。企业使命是在界定了企业愿景概念的基础上，这时就要把企业使命具体地定义到回答企业在全社会经济领域经营活动的这个范围或层次，也就是说，企业使命只具体表述企业在社会中的经济身份或角色——在社会领域里，该企业是分工做什么的，在哪些经济领域里为社会做贡献。企业使命主要考虑的是对目标领域、特定客户或社会人在某确定方面的供需关系的经济行为及行为效果。

例如，迪士尼的使命是带给世人欢乐。迪士尼一直坚持这个目标，把顾客当作他们使命的受主。因为这个使命，迪士尼的每一个员工一直都坚信并奉行着这种理念。在迪士尼，所有员工都要面带笑容来工作，为顾客创造更多的欢乐与美好的回忆。迪士尼的创办人华德·迪士尼直到临终前的一刻还在病床上为小朋友画动画。正是因为这种信念与坚持，迪士尼才能在几十年的市场变迁中，不仅超越当初比自己强大很多的同行，而且生存到了今天，依然生机勃勃，不断发展。

不只是迪斯尼公司，世界上很多优秀企业都有自己独特的使命：

微软公司——致力于提供使工作、学习、生活更加方便、丰富的个人电脑软件。

耐克公司——体验竞争、获胜和击败对手的感觉。

沃尔玛公司——给普通百姓提供机会，使他们能与富人一样买到同样的东西。

国际商业机器公司（简称IBM）——无论是一小步，还是一大步，都要带动人类的进步。

麦肯锡公司——帮助杰出的公司和政府更为成功。

华为公司——聚焦客户关注的挑战和压力，提供有竞争力的通信解决方案和服务，持续为客户创造最大价值。

联想电脑公司——为客户利益而努力创新。

万科——建筑无限生活。

当然，重视企业的使命不能只停留在空洞的口号上，应该将之由上到下，贯彻到企业里的每个环节中来，这样才能真正地发挥作用。企业使命不仅是对外宣传的口号，更要作为经营理念来执行，得到全体员工的共同认可。企业在提炼使命时要把组织与员工拥有的使命用一些简洁明了、富有激励性的文字加以表达，形成格言、座右铭等，这就是使命宣言。这是共同愿景实现的一种要求或一种必然性选择。使命宣言本身应当具有"鼓动性"的魅力，每当员工们想起或读起这一种使命宣言时，就能油然而生一种神圣的使命感，不由自主地感到庄严肃穆，也因此产生一种要努力工作的强烈欲望。

企业使命是动态变化的，它需要根据企业发展做出适时的调整。随着公司的发展壮大，市场的覆盖能力有了很大的提升，而企业的野心抱负也随之与日俱增，那么，企业就可以适当地根据当下的需求，来重新确定企业使命。

最重要的是，企业使命必须投入到实践中，只有让员工都认同的企业使命才算数，不然都是一纸空文。而企业使命并不是靠填鸭式的训话就能输入员工脑内的，它需要经历适当的方法，经过长期潜移默化的影响，不断地让员工从中感受到使命感。只有发自内心的使命感才能真正地持久，使员工成为企业使命的信奉者和践行者。

所以，对于企业的管理者来说，"牛不喝水强压头"是没有用的，必须让员工心甘情愿地和企业一起，承担企业的使命，并把自己作为完成这个使命中的一员。归属于其中，才能真正激发员工的工作热情和奉献精神，把所有的力量凝聚在一起，促进企业的发展。所以要得到员工的支持和拥护，必须有一定的策略，要以人为本，多从员工的角度来制订管理制度和规则，提炼企业使命和愿景，尊重员工的个人意志，从而感化员工，营造良好的认同感和归属感。唯有发自内心的使命感才能给企业的发展带来正面能量。在宣扬企业文化的过程中，引导比灌输更重要，柔和的方式往往会带来出人意料的效果。

 铸就共同价值观，凝聚全企业的力量

企业的核心价值观，也就是所有员工的共同价值观。在企业文化的诸多层次之中，核心价值观就是企业文化的核心层。因而一个正确的、能得到所有员工真心认同和拥护的核心价值观，是维系企业生存发展的重要精神支柱。只有所有的人都认同同一种价值观，整个企业才能朝着一个方向发展，大家同心同力，群策群力，使企业所有的员工心往一处想，劲往一处使，使合力达到最大，使企业向前飞奔。

戴尔公司是一家"每一个员工皆老板"的公司。它的管理者在所有的员工中建立了一种共同的信念，其中包括责任、荣誉和有福同享。戴尔的管理者尊重每一位员工，将企业的成功归功于员工的努力。任何一位员工都能够感受到自己的工作是有价值的，任何一位员工都可以通过最直接的沟通渠道，得到自己所需要的信息。

戴尔十分排斥等级制度，更不必说管理者以命令方式行使自己的管理工作了。在这种提倡平等交流的管理方式下，员工的意见和建议得到了充分的肯定，从而使得每一位员工都能够发挥出自己的潜能，为公司的发展而努力。戴尔的管理者为每一位员工投资，让员工的责任感、荣誉感被充分调动，也使得公司的每一个问题都成为员工和管理者共同面对的问题。

这种软性管理方式无疑在最大程度上满足了员工的需要，让员工把实现个人价值和企业的发展目标紧紧联系在一起，为企业的发展奉献出自己最大的热情。

日本松下公司造人先于造物的观念也充分体现了这一点。它的创始人松下幸之助并不是把企业看作是一个经济实体，而是看作一个有机体，这个有机体为了实现自己特定的理想而奋斗。

松下公司有一个深入人心的28字精神，那就是"产业报国、光明正大、团结一致、奋发向上、礼貌谦让、改革发展、服务奉献"。这是松下公司这么多年一直未曾更改的精神，有了这个共同精神的引导，松下一直稳步发展，团结一致，创造了一个日本企业的神话。松下"以人为本"的价值观念，将员工的个人发展和梦想追求放在最重要的位置上，帮助员工实现价值目标，从而推动企业的发展。

<<<<<<<<<<<<<<<<<<<<<<<<<<<<<<<<<<<<<<<<<<<

共同价值观是企业全体员工都必须认同、承认，并且心甘情愿为之努力的一种理念，这样的理念贯彻在日常的工作中，久而久之，就会成为全体员工共同遵守和维护的价值观，成为一种规矩，一种无可撼动的至高准则。这样的规矩得到全体员工的承认和维护以后，不合规矩或是越规逾矩的行为将不被许可，并有可能成为公敌。若是每个人各有主见，那么在工作和经营中，所有人都会朝着不同的方向去努力，这样的努力是毫无意义的，甚至会产生负面作用。所以好的企业都非常重视共同价值观的打造和树立。这也是近些年国内众多企业崛起的秘诀之一。

第一章 树立企业文化理念：让文化意识深入企业核心

华为企业集团的总裁任正非认为：企业的核心价值观就是适合全体员工的一道菜。一个企业只有一个核心价值观，以此来统一企业文化与管理。它应该是公司员工共同认同的规范与尺度。一个企业可持续成长的关键就在于企业具备可持续发展的动力源泉和动力机制，这就是企业的核心价值观。

华为企业集团正是借助强大完善的企业文化来凝聚自己的员工，任正非认为，资源是会枯竭的，只有文化才会生生不息。所以，华为尽管以《华为基本法》这样的形式把公司制度确定下来，却并不是靠权威式的命令来实现对员工的领导，而是借助于企业文化的熏陶，从建立之初就倡导员工把民族命运、国家前途、企业兴衰、家庭幸福和个人得失看作一条不可分割的生命链，从而激励员工树立起责任意识、敬业精神、团结精神和创新精神，引导员工共同认可企业使命。这种信念感几乎代表着一代华为人的梦想，它关系着家国情怀，同时也是维系自己与企业之间的纽带。

在全球高科技产业进入寒冬期的时候，华为却取得了不俗的成绩，这就是任正非利用柔和的管理取得员工认可的明证。当时，任正非发表了《华为的冬天》，提出"华为存在的问题不知要多少日日夜夜才数得清楚……华为的冬天正在到来，各种机制、管理等正面临危机，已经到了不得不调整、改革的地步"，借此呼吁员工与自己"一起寻找棉衣度过冬天"。这样柔和的管理方式，其中表达的关怀和传递给员工的情感力量是任何高压手段都不及的。要知道，管理并不是在员工和企业间造成对抗，而是达成融合。采用柔和方式赢得员工认可的管理，才能够让员工从心底认可企业使命，并紧紧团结在管理者的周围，为企业发展贡献自己的力量。

当所有员工都认同公司价值观时,员工们自然会自觉地去做那些对企业发展有利的事,而不是敷衍了事。当每一个员工都能自觉地坚持在自己的岗位上做好应该做的事时,管理就变得十分容易了。在认同公司共同价值观的基础上,员工的积极性和创新精神会得到充分发挥,他们不会再为了担心触犯公司制度而谨小慎微地工作,更不会因为公司的发展不顺而背弃公司,而是能够在一个充分尊重人的宽松环境中积极地发挥自己的创造性,表达自己的忠诚,那么,企业的发展也就理所当然。

共同的价值观能够给员工注入强烈的使命感和责任感。在这种责任感和使命感的支持下,员工将会把工作看作一项神圣的事业。这也使得公司里许多互不相干的业务、技术和人才紧密地结合成一个整体。共同的价值观可以将一个广泛的多元化的公司团结在一起,大家为了一个共同的目标而奋斗,甚至不惜牺牲自己的利益。一些卓越的企业都将共同价值观视为企业的法宝。

通用电气公司是一个具有百年优秀文化传统的企业,它拥有一套完善的企业文化体系。因此,在这个成熟的企业之中,价值观十分受重视,它甚至成为激发员工工作热情和创造力的法宝。在通用电气公司,管理者十分看重员工对企业价值观的认同,并且认为这一点应该在业绩之上。因此,在选拔管理者,以及实施奖惩制度时,他们将价值观作为考虑的首要因素。

对于那些坚持公司的价值观而又能够完成业绩指标的经理,他们自然加以提拔,而那些不能坚持公司的价值观又不能完成业绩的经理,会被立即解雇。可是,如果员工经理坚持了公司价值观却没有完成业绩指标,那又该如何决断呢?通用电气公司的决定是,再给他一次机会。相应地,对于那些没有坚持公司价值观的经理,即便他们完成了业绩指标也不会再留用。在普通员工的晋升过程中,管理者也会将坚持公司的共同价值观作为最重要的评价标准。正是因为这种对共同价值观的特别关注，通用电气才能调动起所有员工的积极性，并且团结一致，加强企业内部的凝聚力，最终引导他们自动自发地为企业的发展而努力。

企业的共同价值观就是员工一致认同的公理，这一价值观在企业的规章制度中得到体现，员工们共同遵守，坚决执行。在共同价值观的引导下，员工们的工作就会变成一场集体舞蹈，每一个人在自己的位置上积极努力，整个企业将会形成巨大的凝聚力，所有的员工团结一致，共同为企业的发展而奋斗。

打造企业良好形象，重视 VI、MI、BI 建设

在当今这样一个竞争激烈的时代，良好的企业形象已经成为核心竞争力之一。因而企业文化还有一个重要的使命，就是建设企业良好的形象。打造企业良好而独特的形象也是企业文化建设的重要任务之一。

企业形象的内涵是丰富的、全面的。一个企业形象可以分解为多种形象要素。如技术形象，指技术优良、研究开发能力强等；市场形象，指认真考虑消费者问题、销售网络完整、竞争力强等；未来性形象，指主动适应环境变化、合乎时代潮流等；外观形象，指信赖感、稳定性、传统性、企业规模等；经营者形象，指经营者优秀等。可见，企业形象是一个构成要素十分复杂的综合体。

企业形象的本质，是企业的关系者对企业所持的看法和观念。例如，求职者在选择企业，消费者在选购商品时都可能有意无意地受到企业形象

的左右。而公众一般都是从评价企业产品的角度来认识企业形象的；员工则往往是从企业的工作环境、管理水平、福利待遇等方面来认识企业形象的。无论哪一方面，如果能环绕着塑造企业整体形象出发，传播出准确、有效的信息，都会为企业形象增添光彩，反之，则会使企业形象受到损害和破坏。所以，打造企业形象就越来越受到关注和重视，这就是企业形象的"CI 企业识别系统"战略。

CI 的发祥地是在美国。1956 年，当时的国际商业机器公司（简称 IBM）董事长托马斯·约翰·沃森（Waston），首先推行了 CI 作业计划。沃森董事长询问公司的设计顾问时说："IBM 公司的优点是具有开拓者的精神和创造性，公司应如何把这些特色有效地传达给世界人士呢？"这位顾问回答："应该透过一切设计应用统一化。"这位顾问把设计师 P·兰德介绍给 IBM 公司，从此便展开最初的 CI 设计开发作业。现在 IBM 公司所使用的标准字，就是当时的设计作品。

P·兰德为 IBM 所开发的 CI 设计，和一般的商业设计完全不同。他们的设计作品是为了表现企业特性，所以并非简单地将各要素加以设计。他们构筑了一个设计系统，能传达统一的 IBM 形象。从此以后，透过设计系统来塑造企业形象的经营技法，就被称为 CI 计划。

IBM 公司成功的实例，使得许多美国的先进企业开始导入 CI。初期导入 CI 的企业有美孚石油公司、远东航空公司、西屋电气公司等。1970 年，可口可乐公司同时更新了世界各地的可口可乐标志，采取统一化的识别设计，此举震惊了世界各地人士。1956 年才开始出现的 CI，就这样在美国迅速地普及与发展。

20 世纪 60 年代以后，美国大规模的企业经营战略，促成企业经营形式的更多层次和更多元化。为了协调企业内部管理和满

第一章 树立企业文化理念：让文化意识深入企业核心

足对外关系的需要，不少企业从管理入手，就具体的行为提出了企业规划、企业设计、企业形貌、特殊规划、设计政策等诸多办法，以图实现更多、更快、更有力的产品，扩大其社会占有率。通过长时间的社会实践，最后在此基础上产生了CI。

60年代末期，CI战略开始传入日本。70年代后期，日本企业界展开了一场CI革命，并取得了巨大的成功。日本在70年代经历了两次石油危机，当时主要利用工厂自动化渡过难关。但是光凭着生产技术走出困境是不够的，这时日本的许多企业便导入CI战略，以便在竞争中求生存。通过实施CI战略，日本许多企业逐步走出了困境，并得到发展。于是到80年代，日本的CI革命进入高潮。

20世纪80年代初到整个90年代，是中国企业引入CI战略的时期，到现在，CI战略在中国企业中已经广泛开展，并成为企业文化建设的重要内容之一。

CI战略，是打造企业整体形象的一种战略。所谓CI，即对企业的一切可视物进行统筹策划、设计、控制和传播，使企业形象识别系统统一化、个性化，以达到强化企业整体形象的目的。这也是企业文化建设的重要内容，甚至核心内容之一。

那么，如何实施CI战略呢？

CIS战略应运而生。

CIS的英文全称是"Corporate Identity System"，意即企业识别系统，又称作企业形象设计系统。CIS运用视觉设计，将企业的理念和行为予以视觉化、规格化及系统化，以塑造具体的企业形象、发挥组织体制上的管理。CIS以商标的造型与色彩设计为核心，将企业的经营理念、管理特色、商标设计、社会使命感、产品包装风格及产销策略等内容融为一体，运用整体性传播技法传达给企业经营环境中的各个关系者，以塑造良好的企业形象，使他们对企业产生一致的认同感与价值观，赢得社会大众及消费者的信赖和肯定，从而达到产品旺销的目的，为企业带来更好的经营绩效。

CI 与 CIS 既有承继关系，也有所区别。CI 与 CIS 的区别在于，CI 只是在企业的商标标准字上下功夫，致力于视觉识别，把标准字、商标、标准色作为 CI 策划的核心。而 CIS 不仅注意在视觉识别上下功夫，还致力于树立正确的经营理念和积极开展各种识别活动以及提供可靠的商品和优质服务，全面打造企业的良好形象，让公众及消费者对企业产生好感和信赖。因此，CIS 战略是对 CI 策划的继承和发展，是一种塑造企业形象更加系统、更加完善的企业文化内容。

CIS 的构成要素，主要由三部分构成：即 VI——企业视觉识别系统（Visual Identity，VI）、MI——企业理念识别（Mind Identity，MI）和 BI——企业行为识别（Behavior Identity，BI）。

（1）VI——企业视觉识别系统

VI 即"企业视觉识别系统"。VI 是 CI 计划的静态识别符号，是企业理念视觉化传达的载体，因此它项目最多，层面最广，效果最为直接。VI 作为视觉识别，它是外在表现，固然需要具有美感，但更需要反映企业的理念。因此 VI 设计包含这样一些原则：即充分传达企业理念、人性原则、民族性原则、简洁抽象及动态原则、员工参与原则、法律原则、艺术性原则和个性原则。

VI 的设计要素主要有：企业名称、企业标志、企业标准字、企业标准色、企业象征造形与图案、企业标语口号。

企业名称标志或形象标志，是用特定的明确的造型、图案、文字、色彩来表示某种事物或象征某种事物。它不仅具有作为事物存在的象征性指示作用，而且是目的、内容、性质的总体表现。企业标志形象应力求生动、富于个性，避免自然形态的简单再现，在设计时使用夸张、重复、节奏、象征、寓意和抽象的手段，达到易于识别、便于记忆的效果。这是因为标志是以生动的造型图像构成视觉语言,这些造型图像通过视觉传达到精神系统,留下深刻印象,起到视觉吸引力的作用。如果标志图案杂乱无章,平淡无奇,就不能引起消费者的注意。同时,企业的标志符号、图形和文字,都应具备自身的特色,要充分体现出别具一格的效果,这是企业标志图形设计的精神所在。可以说,创造性是企业标志设计的根本原则。

企业形象或名称标志要相对稳定,超越时代。许多老企业、老字号,历史悠久,其标志也经久不衰,主要原因就是品牌设计能超越时代,具有持久的实用性。如果一个企业历史很长,但因标志设计落后于时代,经常做大修大改,或重新设计,就会给人以反复无常的混乱感觉,不能在社会大众的心目中树立良好形象。

企业视觉系统形象的应用可以在企业的各个方面来显现,如办公事务性用品;招牌、旗帜和标识;建筑与环境;员工制服及交通工具等。在企业办公事务用品上宣传企业VI,可以通过企业的经营业务活动,把企业形象、企业信息不断地传达出去。

企业招牌、旗帜和标识也是企业对内对外信息传达的大众化媒体之一。招牌是企业的脸面,旗帜和标识不仅具有指示和引导的功能,而且还具有识别的功能,是企业的象征。可以说,社会大众对企业的认知,是从接触企业的招牌、旗帜和标识开始的。因此,招牌、旗帜和标识是提高企业知名度的重要手段。像室外标识、广告塔、建筑物壁面标志符号以及作为美化建筑环境的标识性立体雕塑造型等,都是企业形象视别的载体,可以充分应用。

(2) MI——企业理念识别系统

MI是CIS中最有价值和最为核心的内容,它是企业整体形象的精神和灵魂,也是CIS的实质所在,更是企业整个系统识别的原动力。企业的内部活动、组织制度、管理教育等都受MI的规范影响,它们具有三个方面的重要作用:一是表达企业存在的价值;二是决定具体的企业经营方式;

三是规范员工的行为方式。

企业理念是企业在独立经营和长期发展过程中，继承企业优良传统，适应时代要求，由企业家积极倡导、全体员工自觉实践而形成的代表企业信念、激发企业活力、推动企业生产经营的团体精神和行为规范。

企业理念识别系统包含两个层次：一是企业制度和组织结构层，包括各种管理制度、厂规、厂法、生产经营过程中的交往方式、生产方式、生活方式和行为准则；二是企业的精神文化层，包括企业及员工的观点、心理和意识形态等。

MI 的设计与企业的愿景密切相连。企业愿景是企业未来的目标、事业的发展领域、存在的意义，也是企业之根本所在。如天津达仁堂制药厂的企业愿景是"振兴我国的中药事业，增进人民身体健康"。由于企业目的明确，于是提出了"选料必求地道，炮炙必求其精""敢于拼搏争第一，勇于创新增效益，遵纪守法爱集体，振兴中药重信誉"的经营口号。

明确了企业愿景之后，企业就可以根据企业目的、企业使命初步制订企业的理念识别。企业理念是一个抽象的概念，在制订企业理念时，需要将其具体化为理念识别的基本要素和相关的应用要素。理念识别的基本要素包括企业经营策略、管理体制、分配原则、人事制度、人才观念、发展目标、企业人际关系准则、员工道德规范、企业对外行为准则等。理念识别的相关应用要素主要包括企业信念、企业经营口号、企业标语、守则、警语、座右铭、企业高层人员讲话等。

(3) BI——企业行为识别系统

企业行为识别即 BI，是 CI 的动态识别形式，包括企业对内部运作的组织、管理和对员工教育，对外参与社会活动及传播企业形象活动等。企业良好形象的塑造，须从确认企业理念开始，即首先明确企业的经营宗旨、企业精神、行为准则。企业全体员工应在日常经营管理活动中规范运作，并由此营造企业内部的良好环境；通过企业内部的制度、管理与教育训练，使员工行为规范化；在产品规划的基础上，给消费者传递应有的产品形象及服务形象，并由此扩展到企业形象广告、社会公益性活动、专题促销活动的策划与运作，在社会公众中塑造良好的活动形象，这便是行为识别的精髓。

企业的行为识别系统几乎覆盖了整个企业的经营管理活动，主要由两大部分构成：一是企业内部系统，包括企业内部环境的营造、员工教育及员工行为规范化等；二是企业外部系统，包括产品规划、服务活动、广告活动、公共关系及促销活动等。

企业行为识别的内容十分丰富，形式多种多样，需通过一个逐步积累的过程才可见其实施效果。各种活动都不是孤立的，而是连续相关、相互促进的。企业在安排各种活动时须有整体的策划，综合考虑各种活动的系统性、连续性和互补性，而不能上下脱节、前后矛盾。企业的各种行为要充分体现出企业的理念，这样才能塑造出良好的企业形象。

现代社会的市场竞争已愈来愈激烈，企业也愈来愈认识到，要使企业立于不败之地，不仅需要先进的技术和高质量的产品，更需要一种企业所独有的文化特征。企业作为一个组织，将自己的这种文化特征作为一种信息传递给员工、消费者及所在地区的居民，会促使他们形成对该企业的看法和评价，企业形象也因此得以树立。

企业运用CIS战略，目的就是通过对企业形象的整体策划，使视觉识别（VI）、企业理念识别（MI）、行为识别（BI）能保持高度的一致。并通过完整的系统，创意性的设计确立和完善企业的经营理念、方针；在此基础上指导和统合企业的各种活动，形成全体员工和各个部门行为的一致性，规划出企业鲜明的"个性"；最后，再由组织化、系统化、统一化的视觉识别的传播，塑造企业良好形象，使公众及消费者产生对企业和它的产品的信赖和偏爱，从而在市场竞争中处于有利地位。这是企业适应经营环境的变化，尤其是面临国际国内市场激烈竞争的形势下所能采取的最具体而有效的方法。

⑦ 锻造企业精神，形成企业文化的坚固内核

企业精神是企业在长期生产经营实践中所形成的职工群体心理定式和价值取向，是职工世界观、人生观、价值观在企业行为中的聚合、嬗变和结晶。企业精神是经过凝练的群体意识，是企业职工共有共享的核心价值观。企业精神是企业员工所具有的共同内心态度、思想境界和理想追求，它表达着企业的精神风貌和企业的风气。只要它融入职工的自觉行为中去，就会产生巨大的能量，发挥凝聚、导向、激励、控制、辐射等多方面的功能。企业精神是企业的向心力和凝聚力之所在，是企业的主导动力源，是"企业之魂"，更是企业文化的坚固内核。

在企业文化的结构体系中，企业精神是核心、是统帅，决定着企业经营之道，作用于企业形象。它贯穿在企业文化的各个方面，表现企业文化的总体特征、基本面貌，决定企业文化的类型。

企业精神具有个性、团体性、主体性、实践性特点，是企业领导人基于国家、社会客观要求有意识培育出来的，是一种正向的、积极的、优秀的精神文明成果，因此，它对企业能产生巨大的凝聚、导向、激励、控制、辐射作用。

（1）凝聚功能

由于企业精神给了人们以共同的价值观和思维、行为方式，使人们产生对企业目标、准则、观念的认同感、使命感、归属感和自豪感，对企业

产生一种强烈的向心力和凝聚力，因而能够将员工团结在企业组织周围，使企业发挥出巨大的整体优势，形成一致对外的强大生存发展力量。在企业精神的感召下，职工与企业结成一种利益与命运的共同体，他们为了自己的企业勇挑重担、尽职尽责，为企业的前途、声誉贡献了全部的才能和力量。

（2）导向功能

企业精神反映的是企业整体的共同追求、共同价值观和共同的利益。企业精神像一面旗帜，使员工个体的思想、观念和追求与企业所要求的特定目标相一致，使员工自觉地为实现企业特定目标而努力奋斗。大连造船厂经过半年多的讨论提炼出"面向世界、开拓前进"的企业精神，这一精神像航标，为职工指明了前进的方向；像磁铁，把职工的意志紧密地统一在一起；像推进器，推动着职工奋发图强，勇攀高峰。

（3）激励功能

在企业精神主导的企业文化氛围中，人人受尊重，人人得到发展，每个成员对企业做出贡献，都会得到领导的赞赏和集体的褒奖。员工受到鼓舞，积极性、主动性、创造性就会得到发挥，从而使企业有发展的不绝动力源。如中航油提出的"公司强大、职工富裕"就很富有激励作用。

（4）控制功能

企业精神作为员工共同拥有的价值观念和行为准则，在企业中相互组合渗透，控制、协调和监督员工的日常行为。通过文化观念的悄悄暗示，用一双看不见的手进行非常有效的管理。

（5）辐射功能

企业文化的开放性特征，决定企业精神对内有强烈的感染力，对外有强烈的辐射力，对社区文明、社会文明都能产生积极的推动作用。企业精神的管理功能其实只有两条：对内求团结、对外求发展。

企业精神是企业员工的群体意识的精华，是企业价值观的精髓，它不能自发地产生，也不能由外界强加，它需要一个由分散到系统、从现象到本质，去伪存真，去粗取精，不断概括、升华的提炼过程。如果没有这个过程，企业群体意识和价值观将始终处于一种自发、散乱、不自觉、不系统的状态，无法升华为企业精神。

企业精神的概括和提炼，是抓住企业精神的实质并使之外化、定格的方式与过程，能否准确、完整、深刻地把企业精神提炼出来，是能否让企业职工认同，并传递给社会的关键。

一般认为，企业精神包括三个内容：一是员工对本企业的特征、地位、形象和风气的理解和认同；二是由企业优良传统、时代精神和企业个性融会的共同信念、作风和行为准则；三是员工对本企业的生产、发展、命运和未来抱有的理想和希望。企业可以根据自己的情况提炼出能够充分显示自己企业特色的企业精神。

一言以概之，企业精神就是指企业经营管理的指导思想，也是企业文化的灵魂，它成功体现了一个企业的追求、企业成员的精神风貌和企业的文化。在美国，它被称之为"企业哲学"，在日本，它则被称之为"社风"。

世界著名企业都有自己独特的企业文化和企业精神，它的表现形式有很多种，有时候是简洁而富有哲理的语言，有时候是厂歌、厂训、厂规、厂徽等形式。但是无论哪种形式，一般来说，企业精神是企业全体或多数员工共同一致，彼此共鸣的内心态度、意志状况和思想境界。企业正是凭借这种独特的企业文化和企业精神成就了企业的辉煌。

每一个企业都有各自的企业文化和企业精神，但不论他们的企业精神指向何处，从什么样的角度入手，都通向相同的目标——为企业凝聚人心，树立共同价值观，形成企业文化的内核，从而将企业的一切凝聚在一起，使企业成为一个战无不胜、攻无不克的整体。企业每一点发展和进步都与企业精神这个内核密不可分。

第一章　树立企业文化理念：让文化意识深入企业核心

企业精神是企业意识与企业个性相结合的一种群体意识。它可以激发企业员工的积极性，增强企业的活力。企业精神作为企业内部员工群体心理定式的主导意识，是企业经营宗旨、价值准则、管理信条的集中体现，它构成企业文化的基石，也是企业之所以能飞速发展且和谐稳定的关键。

企业精神是企业文化的内核，是支撑企业可持续成长的支柱，是企业之所以生生不息、不断发展、基业长青、永续前进的关键，更是企业激发员工的主人翁精神的重要支撑。许多企业之所以能创造出令人惊异的、奇迹般的业绩来，正是企业精神这个内核释放出了巨大的能量，使企业文化引领着企业走向了辉煌。

杭州万向集团起初只是一个只有4000元资本、7名职工的乡村"铁匠铺"。如今，它已经成为一家国际化的现代大型跨国集团，其产品包括万向节、轴承、等速驱动轴、传动轴、制动器、减震器、滚动体、橡胶密封件、悬架、制动等十大系统产品，畅销全世界，年销售额达到数百亿元。创始人鲁冠球在总结企业管理经验时认为，培养和倡导优秀的企业精神，是十分重要的，万向集团有一个十六个字的企业精神，即"想主人事，干主人活，尽主人责，享主人乐"。这正是万向成功的秘诀之一。

万向集团企业精神的第一条就是"想主人事"。创业初期，企业就根据乡镇企业职工绝大多数亦工亦农的特点，通过"两袋投入"（即物质手段的口袋投入与精神激励的脑袋投入）来调动员工的主人翁意识。工厂每进行一项活动，下达一项生产任务，都要让职工明确"做什么""为什么做""怎样做""这样做了对国家有什么好处"。"为国作贡献的事就在你岗位上。"这是工厂围绕着"想主人事"展开的一项职工竞赛活动。1988年7月份，国内外用户纷纷向厂方要货，产品供不应求，生产频频告急。这时，厂部办公室起草了一封公开信，信中告诉每位职工，现在工

企业文化建设：从理念意识到行为习惯

厂欠产已达17万套万向节，能否按时供货，关系到国家信誉和企业形象，尽量满足用户需要，为国家多创汇多贡献，是每一位职工当家作主的光荣职责。一下子，工厂面临的喜与忧，成为职工们茶余饭后的热门话题。尽管当时气温高达38℃，大家仍然坚持上班顶岗，最终超额完成了生产任务，及时满足了各界用户的需要。现在，企业的7项主要经济技术指标连续5年居全国同行业首位，尤其是职工的劳动生产率10年来提高了12倍，职工每增加1元收入，就为国家和企业多创造4元收入。

第二条企业精神就是"干主人活"。1986年，应美国客商的邀请，鲁冠球作为中国第一位访美的农民企业家与其签订了每年向美方出口20万套万向节的长期供货意向书。1990年，厂方向美国市场投放的万向节增加到200万套。企业通过将产品销往国外，增强了员工的爱国意识，从而促进了员工的企业主人翁意识，使他们能感觉到自豪感和成就感，从而更加努力地工作。

企业精神的第三条是"尽主人责"。现在有很多职工存在"被雇佣心理"，容易产生"八小时内为你干，八小时外自己干"。为了使职工焕发主人翁精神，企业领导班子处处关心职工、爱护职工、理解职工、尊重职工。平时他们通过厂报、广播和黑板报、宣传栏，定期把企业的大政方针、重要决策以及面临的困难告诉每一位职工，使上下一心，想企业所难，解企业所急。与此同时，厂部还专门设立了"厂长意见箱"，让职工提建议。对于来自群众的合理化建议，及时采纳和给予奖励。为了更好地做到"尽主人责"，工厂还开展了"信得过"活动。这项活动是把产品质量由过去检验员把关，变为以工人自检为主。如今，全厂已产生了100名"信得过职工"，14个"信得过小组"。

第一章 树立企业文化理念：让文化意识深入企业核心

"享主人乐"也是企业精神的重要内容。企业始终坚持对职工不能只讲奉献，还要给他们创造一个安居乐业的生活环境。为此，工厂专门组织了对职工实际困难的摸底调查，厂方先后解决了 400 多名职工家属的就业问题。他们还专门组织妇女干部做"红娘"，给大龄青年牵线搭桥。工厂有些科技人员、供销人员每年几乎有一半以上的时间在出差，子女教育、家务劳动都落到妻子肩上，时间一久，他们的妻子难免要有怨言。为了鼓励家属支持丈夫做好工作，厂工会组织了 40 多位婆婆、妈妈搞了一次"海陆空"旅游。让她们乘飞机上南京，坐火车游无锡，乘轮船回杭州，这些家属表示今后一定要当好"内当家"，全力支持丈夫的工作。

很显然，万向集团之所以能从一个几千元的小作坊发展成为年销量数百亿元的跨国集团，与他们这种能激发员工热情、促进员工奉献的企业精神密不可分。培育企业精神有以下几种基本途径。

（1）舆论营造氛围

人的思想是受社会舆论环境影响的，舆论宣传对人的思想行为能产生导向作用、熏陶作用、激励作用和制约作用。通过电视、广播、厂报、厂刊、宣传栏、黑板报、标语、宣传品等舆论工具及报告、讲演、座谈、讨论等宣传方式，宣传、传播企业精神，使企业精神深入人心，营造良好的企业文化氛围，这是培育企业精神的基本途径之一。

北京首都国际机场在提炼出企业精神之前用半年时间做舆论鼓动工作，宣传、普及企业文化的一般知识，营造企业文化环境氛围。有针对性地培训共 30 余次，培训骨干 1500 余人。有了良好的舆论环境，在概括提炼企业精神时，广大职工踊跃参与。"我与机场共生存，机场与我共发展"的企业精神出台后，机场拟定一年时间做宣传教育工作。首都机场电视台播出《企业精神大家谈》节目；《首都机场报》开辟"基层领导访谈录"专栏；机场团委组织"我是首都机场人"征文比赛。各基层单位有的将企业精神及其内涵张贴于醒目处，有的组织企业精神有奖竞答活动，有的单位召开大会前全体诵读企业精神……多种多样的宣传教育活动，使企业精神在企业内部家喻户晓，人人皆知。

同时经常组织开展各种各样的文化活动，在活动中熏陶培养职工对企业精神的觉悟与意识。这也是培育企业精神的一条渠道。社会在发展、时代在前进，人们的思想观念渐趋多元化，要让企业职工接受一种精神、价值观，单靠灌输宣传已很不够，必须开展多层次、多渠道的社会性、知识性、娱乐性的活动，这既是企业精神培育的一条途径，也是企业文化建设的重要内容。活动的内容与方式可以多种多样，如演讲会、联谊会、卡拉OK、歌咏比赛、文艺汇演、书画展、摄影展、征文比赛、知识竞赛、棋类比赛、体育运动会、跳舞、文化沙龙等。通过寓教于乐，向职工渗透企业精神，养成企业精神。

(2) 领导带头示范

企业领导是企业文化之源。企业精神的人格化首先体现在企业领导人身上。因此，企业领导不仅要做企业精神的积极倡导者，而且要做企业精神的率先示范者、实践者。企业领导的言行举止、风格境界与企业精神格格不入，企业精神就不可能在广大职工中扎下根来，化作神奇的精神力量。培育企业精神首先需要企业领导者模范地实践企业精神。

(3) 职工实践锤炼

企业精神是企业职工共有共享的价值观。企业精神是企业群体生产经营实践的结晶，只有回到实践中去，被广大职工身体力行，实践锤炼，才能养成、发展和升华。没有职工的实践，企业精神之树就如同没有土壤，无从生长，更不用说开花结果了。职工是企业的主体，也是企业精神的主要载体，职工接受、认同、实践、锤炼企业精神的过程，也就是企业精神培育的过程。

具体而言，培育养成企业精神首先要通过职工的生产经营实践，即把企业精神落实到生产经营的每一个人、每一个环节、每一项具体工作中去；其次要通过职工的企业管理实践，即把企业精神融入企业管理的制度、措施、思想、行为中；再次要通过职工的日常行为表现，即把企业精神融入到职工在企业外的日常言行举止中去。总而言之，企业精神的培育离不开职工群众的实践，要从每位员工做起，从点滴做起，把质量提高、技术攻关、劳动竞赛、评选先进、文体活动等每件大事小事都作为职工自我教育、自我锤炼的机会，于细微处"育"精神，使企业精神逐步养成。

(4) 制订规范制度，把企业精神具象化

企业精神是一种导向、规范职工行为的思想意识，本身不具有强制性，因此，培育形成企业精神还需规范制度作保证，并通过一系列措施使企业精神成为具体可行的行为准则。规范每一个员工的行为，让企业精神深入每一个员工的内心。

> 北京空港配餐有限公司为培育"好，更好，创最好；行，真行，争最行"的企业精神，在制订严格、完善的经营管理制度的同时，又制订了一整套员工行为规范和形象标准。如《员工职业道德规范》《管理人员行为规范——"十讲"》《党员形象标准——"十佳"》《团员形象标准——"十有"》，这些制度标准让企业精神更加具体可行。

企业精神是无形的、抽象的，但可以通过一定的方式物化为有形的、具体的东西，如通过厂旗、厂徽、厂服、厂歌、厂容、厂貌、广告、招牌、厂史展览等，展现企业精神的内涵，反映企业的网络特征及员工的精神风貌，从而促进企业精神的培育和生长。

　　培育企业精神的途径和方法有很多，还可以通过树立榜样、开展活动、教育培训、外界监督等各种方式。但是不管采取什么样的方式，都一定要有建设企业精神的理念。因为从某种意义上说，是企业精神在指引着企业向着可持续发展的大路上行进，而不至于最终走进失败的深渊。

第二章 弘扬企业家精神：管理者要做企业文化的倡导者

> 企业文化建设的核心是企业家，是企业管理者，只有他们率先垂范，弘扬企业家精神，把企业家精神贯注于企业文化之中，倡导优秀的企业文化，在企业中营造良好的文化氛围，才能使企业文化推广开去。

① 企业家要有"企业家精神"

企业家精神与企业精神不同,企业家精神是指企业家所应具有的精神。这个词在世人心中的含义各有不同。

亚当·斯密在他的《国富论》中这样表述:从自己个人的利益为出发点并诉诸行动,在获得个人利益的同时,超出其本人意料之外地也有效地促进了整个社会的利益。

著名经济学家熊彼特定义的企业家精神,就是做别人没做过的事或是以别人没用过的方式做事的组合。他认为企业家精神最重要的两点,一个是创新精神,一个是冒险精神。

彼得·德鲁克承继并发扬了熊彼特的观点。他提出企业家精神中最主要的是创新和把握机遇,进而把企业家的领导能力与管理等同起来,他认为冒险不应该是企业家的选项,企业家应该本能地去减少风险。

赫尔曼·西蒙写的《隐形冠军》提到,企业家应该有五个特点:第一点是命运共同体,就是企业家把自己和企业作为命运共同体,两者是一致的,是不可分离的;第二点是专心致志,做事能够一心一意;第三点是勇敢无畏,企业家不是冒险家,但有强烈的进取心,有敢打敢拼的勇气,认准的事情会一往无前;第四点是持之以恒,无论年轻还是年老,一直都生龙活虎,而且非常有毅力;第五点是激励员工,企业家要能"点燃"别人,因为企业家不可能一个人做事,要靠一个团队,要能调动大家的积极性。美国思想家安·兰德则总结得更直接一些:诚实、理性、正直、独立、公正、创造力和自豪感。

可以看到，管理学家、理论学者以及企业家自己都不同程度地给予企业家精神无比丰富的内涵，这些内涵包括诚实、守信、创新、敢于挑战、自我实现、不怕失败、勇担责任等众多内容。

2017年9月25日，《中共中央国务院关于营造企业家健康成长环境弘扬优秀企业家精神更好发挥企业家作用的意见》正式公布。可用36个字明确企业家精神的内涵：

> 爱岗敬业、遵纪守法、艰苦奋斗；
> 创新发展、专注品质、追求卓越；
> 履行责任、敢于担当、服务社会。

这就是当好中国企业家所应秉持的企业家精神。企业家精神包括敬业精神、守法精神、奋斗精神、创新精神、工匠精神、学习精神、担当精神和奉献精神。

敬业精神是根本，是企业家所具有的爱岗敬业、兢兢业业工作的精神。不敬业的企业家是不可能成为一个成功的企业家的。所有成功的企业家身上都有这种勤奋刻苦、敬业乐业的精神。

守法精神是前提，是企业家表现出来的强烈规则意识和法律观念。不管多具有冒险精神的企业家都不能置法律于不顾，也必须首先遵守规则，恪守法律。诚信守法是企业家应具备的基本精神素质。诚信是市场经济的基本信条，只有诚信守法，注重声誉的企业，才能在激烈的市场竞争中获得最大的利益。

奋斗精神是指艰苦奋斗、吃苦耐劳、勤俭节约、奋发图强、坚韧刚毅、勇于开拓的精神。创业的企业家无不具有这种精神，这是中华民族的传统美德，也是中国新老企业家的基本精神特征。

创新精神是企业家精神的灵魂，是指敢为人先、勇破旧规、不断创造，想别人所未想、做别人所未做，在产品、管理、技术等方方面面实现新突破，开拓新市场、实现创新价值的精神。企业家精神的本质就是创新，创新是企业持续发展的根本。创新是"企业家对生产要素的新组合"，也就是"建立一种新的生产函数"。创新精神主要指创造新的生产经营手段和方法、新的资源配置的方式、新的符合消费者需求的产品和劳务，符合激励员工生产工作积极性、主动性和创造性的策略。一个企业最大的隐患，就是创新精神的消亡。一个企业，要么增值，要么就是在人力资源上报废，创新必须成为企业家的本能。但创新不是"天才的闪烁"，而是企业家艰苦工作的结果。创新是企业家活动的典型特征，从产品创新到技术创新、市场创新、组织形式创新等。创新精神的实质是"做不同的事，而不是将已经做过的事做得更好一些"。所以，具有创新精神的企业家更像一名充满激情的艺术家。

工匠精神是企业家之所以能做大做强的资本。他们专心专注、至精至善，每做一样事情都要专注，坚持不懈，做深、做精、做到极致，那就会成功。工匠精神是企业产品做好做优的保证；而创新精神，则让企业的产品更符合市场竞争的需要。二者和而不同，其最大目的就是为了提高产品质量和市场效益。

学习精神是指勤于学习，善于思考，也就是要学思结合。时代瞬息万变，唯有不断苦学，才能跟上时代脚步，才能把握知识制高点，赢得先机，成为强者和胜者。

担当精神就是负责精神，就是敢于负责、主动负责、绝不推责的精神。企业家是生产要素的组织者、使用者和支配者，承担着推进中国经济发展的天职。对于企业家来说，要坚守做好企业、当好企业领头人的责任，还要担起企业发展的责任，这都是作为企业的天职和使命。

奉献精神就是服务社会、甘心付出的精神，是企业的社会责任感。社会责任感是企业家精神中的最高境界。企业的社会责任，就是企业在创造利润，对股东利益负责的同时，还要承担对员工、对消费者、对社区和环境的社会责任，包括遵守行业道德、保障生产安全和职业健康、保护劳动者的合法权益、保护环境、支持慈善事业、捐助社会公益和保护弱势群体等。这是社会赋予企业的社会责任，也是企业所必须承担的社会责任，更是体面劳动尊严生活的体现。对于企业来说，要勇敢担起社会责任，企业家要带头承担社会责任，乐于付出，愿意服务社会，并将这种精神融合到企业精神之中，使其成为企业的使命之一，从而提升企业境界，打造更好的社会形象。

弘扬企业家精神是时代的呼唤，企业家精神是时代所需要的精神。每一个企业家都应有企业家精神，因为当今时代特别需要企业家精神，需要每一个企业家弘扬可贵的企业家精神，成为引领时代前行的扛旗者，以高度的责任感和家国情怀来管理企业，把企业做大做强，同时以当仁不让、兼济天下的胸怀带领企业在新的时代创出新的成绩。

让企业家精神成为企业文化的"发动机"

对于企业领导者来说，不仅自己要具备企业家精神，还要把企业精神融合到企业管理的过程中去，特别是在企业文化建设过程中，更需要企业领导者主动把企业家精神作为企业文化建设的强劲助力，使企业家精神成为企业文化的"发动机"，引领和推动企业文化的建设。

在这方面，企业领导者的作用至关重要。因为在很多企业，企业文化建设都由企业领导者来发动、组织、贯彻和实施。领导者对企业文化有着很强的导向作用。纵观许多企业发展的历史，都能够看到企业行为、企业使命、企业愿景、企业道德、企业目标。特别是企业管理的方式方法、经营策略的运用等，都带有鲜明的企业领导者的性格印记，这是企业领导者在企业文化建设中特殊作用的力证。同时，领导者对企业文化建设有着不可或缺的率先垂范作用，无论是指导思想的确定、奋斗目标的规划，还是实施步骤的制订，领导者文化意识强，竭尽全力推动文化建设，对建设企业文化有高度的认识、良好的态度与自觉，那么员工也一定会对企业文化建设不遗余力。这样无疑对企业文化有强大的助力作用。

因而，领导者在推进企业文化建设时，还要有意识地将企业家精神融入其中，并将企业家精神作为企业文化建设的"发动机"，使企业文化在企业家精神的引领下焕发出更迷人的光彩。

>>>>>>>>>>>>>>>>>>>>>>>>>>>>>>

三洋公司前社长井植薰，是一个深具创新精神的创业者，因而重视人才、视人才为第一，是他坚持了多年的一条管理准则。人才需要培养，更需要使用得当。他将这种带有自我烙印的精神带到了企业管理之中，并建立起了三洋公司的"人才文化"。

他说："那种认为找到一个出类拔萃的人才，企业就能万事大吉的想法并不完全对头。说得准确一点，善于发现人才、善于培养人才，更善于爱护和使用人才，才是企业得以发展的基础。这是每一级管理干部都应具有的基本思想。企业的管理者需要拥有正确的人才观念，而企业中的每一个职工应该具备"自我培养"的人才意识。现在的年轻人，通常要经过12年的学校教育。如果再加上读大学，那么有些职工就具有16年以上的学历。长时间的学校教育使得现在的职工都具备了良好的就业基础，这是我们这些自小当学徒的人望尘莫及的。然而，读书多了也会养成一种只听别人怎么说，自己不再多动脑筋的习惯。把这种习惯带到了公司，就变成了一种唯唯诺诺、只按上级指示办事的工作作

第二章　弘扬企业家精神：管理者要做企业文化的倡导者

风。唯命是从并不是坏事，却不能让人发挥出全部的能力。年轻人要学会既按上级指示办事，又能发挥个人的本领。例如，当你接受了一项工作，你能够对上级说出'我想这样干，可能效果更好'之类的话，说明你对工作已经能够加上自己的意见。这就是自己培养自己的好方法。作为一名称职的职工，还要不断地培养自己观察事物的能力和正确评价自己的能力。"

在欢迎女职工进公司的会上，井植薰同姑娘们谈论珍珠。他对她们说，上乘的珍珠必须具备五大特点，即一大、二圆、三白、四亮、五无瑕。实际上，他这是在以物喻人。他对姑娘们说，有些人长得矮小，皮肤又黑，自卑感很强。其实，完全没有必要这样去想，人只要思想境界宽广，具有良好的品德，人格上无瑕疵，工作努力，要求上进，那就是一名合格的职工，大可不必自甘低微。

这样的人才文化，使三洋公司汇集和培养了各方面的大量人才，这些人才使三洋焕发出勃勃生机。

许多企业管理者，对于打造和改进企业文化，存在一个严重的误区：他们认为打造企业文化只意味着改变企业员工的行为方式，与领导者的所作所为关联不大——但事实上，企业管理者正是企业文化调整最关键、最基础的一环，管理者想把企业变成什么样，唯有从自己开始调整。这就需要将自己信奉的企业家精神也贯注到企业管理的过程中去，使企业家精神能在管理企业的过程中发光发热，真正像"发动机"一样感染和带动更多的员工奉行企业家精神，让企业家精神成为企业精神，成为每一个员工的精神，成为企业文化的重要精神。

企业家精神对于企业文化的建设而言，有着巨大的导向和引领作用。这需要企业领导者和管理者身体力行，抛开一切走形式、喊口号、摆架子的方式，切切实实把企业家精神落实到具体的行动中来。自己带好头，确保自己的行为方式能为公司上下起到示范作用,从而使企业家精神成为企业文化建设的"发动机",带动良好的企业文化建设氛围。

③ 全力倡导企业文化,模范践行企业文化

企业文化作为一种价值观,和企业的创建者、领导者长期以来注入的文化观念、历史传统以及特有的经营精神和风格有着密切的关系。领导者要带头做企业文化的倡导者、推动者、践行者、完善者、建设者和传播者,要全力倡导企业文化,并模范践行企业文化。

(1) 领导者要做企业文化的奠基者

企业文化的建设要从基础做起,只有打好了坚实的基础,企业文化才能更快速,更坚固地建立起来。说到基础,就要先从领导者自身说起,领导者的自身素质就是企业文化建设的基础之一。孔子有一句话:"其身正,不令而行;其身不正,虽令不从。"领导者要做好企业文化的奠基人,就要做到有正见、正思维、正精进,使得自己的领导风格得到企业上上下下员工们的普遍认同。

倡导企业文化,企业领导者不仅要业务精通、技能高超,善于管理,更需要掌握一些精神层面的东西。领导者要有宽大的胸怀、高远的格局和端正的品质。做事高瞻远瞩,心怀天下,做人光明磊落,严于律己,从各个方面以身作则,身先士卒,做好示范,给所有人树立一面旗帜,把企业文化的理念和意识传递到每一个员工的内心。

领导者在影响、示范的同时,还可运用工作职责所赋予的权力,通过

大力宣传、倡导、批评、表扬和奖优罚劣等有效手段，明确提倡什么，反对什么，从而排除阻力，化消极因素为积极因素，使企业的各项工作向有利于企业文化建设的方向倾斜，使企业文化更好地推进。

（2）领导者要做企业文化的建设者

领导者地基打好之后，就要开始全面建设企业文化了，这时候领导者又要担负起建设者的角色。领导者的自我修行，自然会达到一种言传身教的效果，此时领导者的思想、观点、理念渗透到企业的组织运行过程和所有员工心中，就会形成一个共同的愿景。这种愿景就是文化的雏形，这种愿景在日常的经营过程中不断提炼升华拧成一股强大的力量，最终同企业的规章制度等有机结合起来，逐步地完善企业文化。

领导者可以抓住了解人、尊重人、关心人、教育人这条主线，按照"以人为中心"的原则，以平等、真诚、友好的态度对待职工、团结职工，从工作、学习、生活等各方面关心职工，为职工排忧解难，与职工交流思想，做职工的知心朋友。企业领导者作风要民主，要尊重职工的人格和权利，鼓励职工对企业的各项工作提出批评和建议，吸收他们参与对企业重大问题的民主决策。充分发挥职工代表大会的作用，从制度上和行动上保证职工参与民主管理，监督行政的合法权益。这样，职工感到自己真正是企业的主人，就会说主人话，为主人事，尽主人责，关心企业，报效企业，为企业争光，企业文化的推进也就会更加顺利。

同时领导者还要善于抓典型、推模范、树榜样。榜样的力量是无穷的。企业中的先进模范人物，是企业价值观念的人格化，是企业职工心目中的楷模和典范。用培养典型、树立先进人物的方法来推动企业文化的建设，使职工学有榜样，赶有方向，可以收到事半功倍之效。所以企业领导者也要成为发现和培养本单位典型的"伯乐"，用这些典型推动本单位文化建设的深入进行。

(3) 领导者要做企业文化的改进者

领导者仅仅做企业文化建设的倡导者、奠基者和建设者还远远不够，还要主动做企业文化的完善者。要不断进行改进和完善，与时俱进，不断更新，不断引入先进的企业文化理念，创新企业文化建设、完善方法，并且模范践行企业文化，以企业使命为自己的使命，把企业愿景融合成全企业的共同愿景，真正使企业文化落地施行。

(4) 领导者要做企业文化的践行者

企业文化并不是一种规则，而是一种集体的意识形态，具有凝聚、导向、激励和约束等作用。领导者要用自身的实际行动告诉所有人这种文化的内涵和意义，用实际行动带头践行企业文化。

领导者作为企业文化的建设者，必然在整个过程中肩负着极为重要的责任，要比其他所有人做得更多更好。领导者的喜怒哀乐都牵动着人们的视线，一举一动都影响着所有的员工，领导者的言行举止，对企业职工会产生巨大的影响。企业领导者廉洁奉公、作风正派、严于律己、身体力行，就是在用实际行动向职工灌输企业精神。这是无声的号召，对企业文化的形成有直接的作用。最理想的企业文化的积淀总是凝炼着企业员工思想行为的各个闪光点，它是员工先进思想的升华，是把员工的智慧集中起来，充分发挥员工的能动性、主动性和创造性，发掘企业员工在各项工作中的真知灼见。这些平凡的点点滴滴形成了激发企业蓬勃发展的不竭动力。而员工的智慧和潜能是需要企业领导来引领和挖掘的，领导者身体力行地践行企业文化，那么员工也会纷纷效仿，企业文化就会很快落地生根。

④ 以企业家精神激励自我，激励员工

前面我们说过，企业家精神具有无比丰富的内涵，创新、冒险、坚持、自我成长、社会责任……都是企业家精神的内容。这些精神内涵正是企业家之所以成为企业家、之所以创业成功且担起了社会责任的关键。建设企业文化，就是要把企业家精神贯注到企业每一个人的心里，而不仅仅只是企业家的心里。企业领导者更要以企业家精神要求自己、激励自己、提升自己，并将这种精神扩散至员工心里，用企业家精神激励员工，从而推进企业一步一步提升，一步一步成功。

以企业家精神激励自我，要求企业家自身进行持续不断的知识更新，多学习企业管理知识，修炼自己的怀疑精神和勇于向权威挑战的精神，并保持创新精神，带动全体员工创新。使整个企业逐步完成从创新精神→创新能力→持续创新能力的转化，并使企业家精神逐渐过渡为企业精神，使个人人格禀赋根植于企业正式制度当中，让企业家精神成为企业文化的核心。

以企业家精神激励自我，要求企业领导者积极倡导诚信意识，形成崇尚诚信的社会价值观，保障真诚者的利益；倡导合作精神，形成合作共赢的社会价值观，从法律和社会道德两个层面上反对和禁止恶性竞争，鼓励合作，形成与社会主义经济制度和社会主义文化价值相适应的和谐局面。

以企业家精神激励自我，要求企业家弘扬优良文化传统，树立正确的世界观和人生信仰，将自己的价值实现和为企业为国家做贡献有机结合在

一起，形成敬业报国的精神理念。

只有企业领导者本身具备了优秀的企业家精神之后，才能率先垂范、以身作则，把企业家精神作为企业文化建设的内核，引入到企业管理和建设中去，在全体职工中推进企业文化建设。

用企业家精神激励员工，则是把企业家精神融入到每一个员工内心深处。企业家大多希望本企业的员工能够受到企业家精神熏陶，并且因为具有一种企业精神而无上光荣。这就需要企业领导者采用一定的激励技巧和艺术。

在经济转型和思想转型产生巨变的时代，企业家们都面临着一个难题：如何持续地在企业全体员工中保持企业家精神，也就是保持那种奋勇拼搏、开拓创新、勇往直前、敢于挑战、乐于合作、永不停步、兼济天下的精神。国内外的研究和实践表明，企业生存和发展的关键，不仅取决于企业家的管理经验和能力，更重要的是取决于企业文化。而企业文化的核心是企业家的价值观，也就是企业家精神。所以领导者要致力于把企业家精神传达到每个员工的内心。

企业在生产经营过程中，会不间断地对员工进行思想教育及新经济概念、劳动概念、企业家精神、企业愿景和使命的灌输，这种思想观念的灌输或培养，就是希望员工能接纳并自觉践行以企业家精神为主旨的企业使命，提升企业凝聚力、创造力，促使企业扩大生产效益，做大做强企业。例如，表彰先进的会议，为先进人物颁发奖状，开展向先进人物学习的活动，并采取工资加薪、鼓励性报酬、奖金、保险金、物质奖励等激励的方式。这方面小米公司的做法值得借鉴。

小米公司是以创新和开拓为资本的创业型公司，最需要鼓励员工的创业精神，也就是培养员工的企业家精神。企业家精神包含创新、挑战、合作、自我驱动和自我实现。小米公司用这样的精神来激励员工，大力拓展能够培养员工企业家精神的土壤，包

第二章 弘扬企业家精神：管理者要做企业文化的倡导者

括认同身份、创造价值、胸怀全局和多元发展。

认同身份，是让员工有一种在小米工作的骄傲感，每一个员工都会有一种"在小米工作本身是件很酷的事情"的感觉。人是在被需要、被欣赏的过程中体现自我价值的，工作带来的身份认同就有激励作用。用小米创新、创业、创造更好产品这样的精神激励员工，让员工产生一种由衷的自豪感、成就感，认同小米的使命，也认同自己的身份，这本身对于员工来说就是一个很好的激励。

创造价值，也是企业家精神的重要内容。每一个企业家都有为社会、为人类创造价值的梦想和愿景，把这样的梦想加之于员工，让员工与企业建立起共同的价值观，那么员工也会受到价值观的激励。比如不挣快钱，相信明天。最好的管理是思想的管理，通过不断的沟通可以达成做事方式的一致，小米重视在工作中的思想碰撞，并不断磨合，最终形成共同价值观，让企业家精神深入员工内心。

胸怀全局，这是企业家精神中关于格局和情怀的内容。小米特别重视"参与感"，也就是让员工参与到公司的研发、经营等一切活动中来，鼓励员工提建议、鼓励员工换位思考，站在更高远、更广大的角度来思考，从而让员工建立起一种"胸怀全局"的精神，并让这样的精神渗透成为企业文化的内容。

多元发展，是小米员工的职业生涯规划。小米在吸引前沿技术人才的同时，其多样化业务方向，也让员工有了更多的职业发展机会。小米鼓励转岗，通过这种方式保留人才。在小米经常能看到又出现一个团队或者部门，这可能是原来体系中并不存在的。这个部门的员工还是原来小米的员工，他们通过这种方式找到了另外一个职业跑道。这就让小米的员工在企业内部就可以创业，而且会获得更好的舞台和更多的支持。这对于员工来说也是弥足珍贵的。这样的职业发展方向也使小米的员工对于创业精神理解得更为深刻和透彻。

很多企业缺少的不是资源，而是人才，是具备企业家精神的员工。企业领导人要善于用企业家精神来激励员工，使员工们在企业家精神的感召下发挥自己的优点，并尽可能地抑制缺点。企业家精神可以使他们心怀全局、高瞻远瞩，不仅仅局限于自己的小利；使他们敢于创造，开拓创新，为企业迸发出无尽的创新活力；使他们敢于担责，在自己的岗位上敬业奉献，真正成为企业最优秀的员工。这种企业家精神可以充分调动员工的积极性、主动性和创造性，使员工价值最大化，为企业创造腾飞奇迹。

用企业家精神激励员工，让员工也拥有企业家的创新、奉献、敢于冒险、不断自我成长的基因，那么这样的精神就自然而然会成为企业精神，成为企业的根本宗旨和行为准则，最终化为企业文化的内核。

⑤ 不断学习，做企业文化的领头人

作为一种文化，企业文化想要得到更好的发展，需要依靠更广的传播范围，更有效的传播途径以及更多人的认同，同时还需要汲取更多的意见和建议。因此，它的发展不能仅仅依靠企业本身的建设和宣传，更需要依靠广大员工的参与和努力。只有我们每个员工都把弘扬企业文化视为己任，企业文化才能有更广的传播空间，更快的传播速度和更多样的传播途径，才能得到更多人的认可，从更多的员工那里获得启发和建议，不断得

第二章 弘扬企业家精神：管理者要做企业文化的倡导者

到完善。这就需要企业领导者率先垂范，做好企业文化的领头人。企业领导者要扮演好主导者的角色，要在企业文化建设中发挥主导者的作用。

企业领导者扮演好企业文化领头人的角色，就要在企业文化建设中发挥指导作用。一要有较深的文化造诣，懂得企业文化理论和企业文化建设的基本原则、基本程序和运作方法，有能力胜任指导工作；二要熟悉组织、团体和员工的企业文化实践，与他们保持密切联系，随时发现他们在企业文化建设中存在的困惑和问题，增强指导的针对性；三要善于集中群众的经验和智慧，用群众创造的成功经验去指导群众、提高群众，解决群众的困惑和问题；四要善于从一点苗头、一种取向、一个思想现象中发现企业文化发展变化的普遍倾向，迅速反应，举一反三，及时采取指导性对策，引导和组织员工沿着正确的方向进行企业文化建设。

企业领导者要想扮演好主导者角色，就要在企业文化建设中发挥示范作用。企业领导者只有身体力行地实践企业价值规范，才能为广大员工所拥戴、崇拜，他们倡导的企业价值理念才会真正被广大员工所接受、认同。企业领导者发挥示范作用，一要做到表里如一，对本企业的价值理念确信无疑，信守不渝，诚心诚意地贯彻执行；二要做到言行统一，忠实于自己倡导的企业价值观，嘴上怎么说，行动上就怎么做；带头践履企业价值规范。凡是号召员工做的，自己首先做到，凡是不让员工做的，自己首先不做，处处事事带好头；三要事事做员工表率，不以善小而不为，不以恶小而为之。一言一行都不偏离企业价值规范，大事小事都做员工的表率；四要虚心向员工学习，向实践学习，向企业模范学习，以员工群众的经验、智慧和优秀思想品质，补偿、丰富和完善自我；五要虚心接受群众监督。欢迎来自员工的批评，主动征询大家意见，不断克服和改正自己的弱点、缺点和错误。

企业领导者要自觉模范践行企业文化，要主动当好企业文化建设的主导者。企业领导者要在企业文化建设中保持创新意识，不断创造新思想和新观念，以自己思想观念的先进性保证企业文化的先进性；要坚持不断学习、借鉴别人的优秀文化，以虚心好学的态度求得企业文化的丰富和完善；要鼓励员工挑战传统，摒弃不合时宜的经验和做法，在实践中创新管理模式、管理经验和方法；要重视员工想象力、灵感、原创性和主动性的发挥，使他们面对更多的挑战，并鼓励他们提出更大胆的新观念，创造出更多新的知识和新的工作方式，为企业的发展注入更多创新的动力。

企业领导者要自觉主动地重视企业文化，全力倡导企业文化。企业领导者对企业文化建设的重视和倡导，是推动企业文化建设的基础。企业文化建设的多年实践也说明，凡是企业文化建设行动较早、成效较好的企业，大多是因为这些企业的领导者能较快地接受新事物、新观念，能正确认识企业文化理论的内容和功能，因而注意学习和研究企业文化，并积极倡导建设有本企业特色的企业文化。可以说，没有企业领导者的倡导，启动企业文化建设是不可能的。企业领导者要想发挥好倡导作用，就要熟知本企业文化、忠诚于本企业文化、引导本企业文化并利用一切机会推动本企业文化。一是制订企业文化建设规划，绘制企业文化建设蓝图。二是制订企业文化建设方针对策，设计企业文化建设实施方案。三是制订科学适用的企业文化评价体系。

企业领导者全力承担组织工作，做到组织强有力的企业文化建设队伍，培养和造就企业文化建设骨干；组织企业内部各种力量，共同为企业文化建设添砖加瓦；从企业建设全局出发，协调好组织、团体和个人之间的关系，处理好经营管理与文化建设的关系，确保企业和谐正常运转和企业文化建设的健康发展。要不断激励员工，激发他们发挥出参与企业文化建设的主动性、积极性和创造性。企业领导者要坚信员工中蕴藏着巨大的潜能和积极性；相信正面激励优于消极强化。多看员工的优点、长处和成绩，长善救失，扬长避短，多表扬、多奖励，少批评、少处罚；采用多种方法，设置多种激励方案，扩大正面激励范围；适时进行激励，及时地给

第二章 弘扬企业家精神：管理者要做企业文化的倡导者

予员工评价；化消极因素为积极因素。

企业领导者要成为企业人才的发现者、选拔者和培育者，要消除"只管用人不管育人"的思想，大力培育企业所需的企业文化建设人才和企业模范；舍得文化教育投资，舍得在员工文化培训方面花钱；为企业文化骨干的成长创造条件，提高他们的文化素质；因人而异发挥企业文化骨干的作用，分派他们更多的工作，委托他们更多的责任，使他们发挥优势，发挥特长，发挥聪明才智。

企业领导者要当好企业文化建设的"园丁"，搞好企业文化建设的培训，不断提高职工的政治、思想、文化和业务素质。企业要把提高职工素质作为企业文化建设的重要环节。要采取灵活多样的方式，鼓励职工参加各种培训和学习，为职工创造一个成才的"小气候"。职工队伍的素质提高了，就会增强对改革开放、发展社会主义市场经济大气候的适应能力，这样才会有更高的思想境界和更强的心理承受能力。

企业领导者还要通过自己的实际行动来弘扬企业文化，要让自己在工作中的思想和言行始终与企业文化的核心理念相一致。弘扬企业文化并不仅仅是将企业的理念挂在嘴上去宣传，更要以实际行动去体现。一是调整自己在工作中的价值观，要与企业核心价值观保持统一；二是坚守企业文化中需要我们恪守的企业道德标准；三是严格执行企业文化所宣扬的企业制度；四是发扬光大企业文化所传达的责任心与使命感；五是以实际行动展现企业文化中所传承的优秀品质。只有用行动去体现企业文化的核心理念，企业文化才能得到真正的弘扬，才能在企业中得到更深远的传播，让企业中每个人都对企业文化的核心理念深信不疑。

最后，企业领导者还应该全身心参与到传播和弘扬企业文化的各项活动中去。例如，开展企业文化座谈会，设立企业文化宣传月，开展员工集体拓展活动等。只有切身参与到企业文化的宣传活动中，带头做好示范，全力倡导，模范践行，才能使员工学有榜样，才能够对企业文化有更深刻的理解，也能对弘扬企业文化积累更丰富的经验，进而能够产生更新颖、更丰富的关于企业文化发展的新想法，进一步促进企业文化建设的发展。

　　企业文化就好像每个企业的灵魂，只有企业文化得到弘扬和发展，企业才可能有更长足的进步。企业领导者是企业文化建设的主导者、倡导者、领导和带头人，只有领导者带头投入企业文化的建设之中，员工才能将弘扬企业文化视为己任，企业文化才能在每个员工的努力之下不断得到传承与发展，企业才能迈向更美好的明天。

第三章 营造文化氛围：把文化意识传递给每一个员工

　　一个优秀的企业内，一定有一个好的企业文化环境和氛围，每一个员工都对企业文化理念了如指掌。因为良好的文化氛围是锻造良好企业文化的土壤和温床，也是把企业文化的理念传递给所有员工的重要媒介。故而营造良好的企业文化氛围，是企业文化建设的重要内容之一。

企业文化建设：从理念意识到行为习惯

① 恪守企业道德，遵守法律法规

建设企业文化，一个最重要也最基本的前提就是遵守国家法律、恪守企业道德。在任何时候，国家法律法规都高于一切，是每一个企业、每一个企业领导者、每一个员工都应当无条件遵守的行为准则。这样的遵守没有任何条件，也不带任何前提，更没有任何借口。所以，优秀的企业文化务必以遵纪守法、恪守道德为第一要务，全力营造遵纪守法的氛围，让法律意识、规则意识成为企业最重要的意识之一。如果没有这样的基础和前提作保障，规模再大、经营再好的企业，也会瞬间倒下，绝无可能基业长青，永续经营。三鹿奶粉就是一个极为典型的案例。

>>>

2008年12月25日，河北省石家庄市政府举行新闻发布会，通报三鹿集团股份有限公司破产案处理情况。三鹿牌婴幼儿配方奶粉重大食品安全事故发生后，三鹿集团于2008年9月12日全面停产。截至2008年10月31日，三鹿集团资产总额为15.61亿元，总负债17.62亿元，净资产-2.01亿元。12月19日三鹿集团又借款9.02亿元付给全国奶协，用于支付患病婴幼儿的治疗和赔偿费用。目前，三鹿集团净资产为-11.03亿元（不包括2008年10月31日后企业新发生的各种费用），已经严重资不抵债。

至此，经中国品牌资产评价中心评定，价值高达149.07亿元的三鹿品牌资产灰飞烟灭。

反思三鹿毒奶粉事件，我们不难发现，三聚氰胺只是三鹿悲剧的导火索，事件背后的违法违纪才是真正的罪魁祸首。

　　三鹿集团在石家庄收奶时对原奶要求比其他企业低，甚至低于了国家标准，而且三鹿的检测忽略了三聚氰胺对于蛋白含量的明显提升作用，使奶源环节产生了巨大的质量风险。而这样的违法行为最终导致了三鹿的破产和消亡。

<<<<<<<<<<<<<<<<>>>>>>>>>>>>>>>>

　　遵纪守法才是企业经营发展的前提。不遵纪不守法的企业最终只会被取缔。企业文化是否能更好地推行，首先看的就是制度层面上的文化是否合法。一个把法律视同儿戏、当成废纸的单位，怎么可能会催生出优秀的企业文化来？不守法的企业就算表面文章做得再好，也不可能长久经营。企业文化要解决的就是企业的可持续发展问题，一个企业如果真的想百年传承，那么一定要正确处理社会、企业、员工几方面的关系，才有利于企业的长远发展。而处理好这些关系的最关键环节，就是守法经营。

　　企业如果要建设自己的企业文化，形成与众不同的质的区分，守法不光是建设企业文化的前提，其本身就是企业文化的重要内容。

　　要想做到企业守法、员工守纪，就必须在企业中营造出遵纪守法的和谐氛围，就需要建立企业道德，并要求每一个员工恪守企业道德。

　　企业道德是企业中依靠社会舆论、传统习惯和内心信念来维持的，以善恶评价为标准的道德原则、道德规范和道德活动的总和。企业道德既是社会道德体系的重要组成部分，也是社会道德原则在企业中的具体体现。

　　良好的企业道德，能够为员工确立一种具有群体心理定式的指导意识，建立共同的文化氛围，树立共同的价值观，遵守共同的行为准则，并在恪守企业道德的过程中激发员工爱岗敬业、奋发向上的工作热情，使员工的积极性、主动性、创造性最大限度地加以发挥，从而产生归属感、使命感、凝聚力和向心力。企业应将企业道德细化为行为规范，促进职工养成符合企业道德的文明语言和行为习惯，并通过深入广泛的宣传和教育培

企业文化建设：从理念意识到行为习惯

训，强化企业道德的说服力和劝导力，使企业道德成为约束员工行为、达到统一且合法、规范的企业标准行为，使企业更有凝聚力和影响力。

员工必须去适应公司的环境与规矩，而不是公司为员工改变自己的环境和规矩。一个高效的企业必须有良好的运行机制，在这样的企业里循规蹈矩、服从权威是深入人心的。服从上级指令、遵守业内法纪，是普通的基层员工迈向成功的第一步。绝大多数管理人员都是从基层干起。只有先懂得遵从法纪，才有可能向更高层次迈进。

作为一名员工，我们自身要做到遵纪守法，就必须学法、知法、懂法。让自己的行为举止、对利益的追求、对权益的维护，都在法纪的许可范围内、在制度的框架内。倘若我们连基本的法律和企业制度都没有完全了解，就会成为法盲，就可能做出违法违纪的事情。

当遵纪守法的好员工，要提高明辨是非的能力。作为员工，在待人接物，处理各种工作和人际关系时，都要有法制意识，既不能迎合不正之风，更不能以个人喜好为标准，以个人利益为出发点。情绪无常，哥们义气，人云亦云，都是十分有害的。尤其是在社会转轨变型的复杂时期，不以法律为准绳的维权，不但会使自己成为违法者，还很有可能被别有用心的人利用，成为其发泄对社会不满、制造各种事端的工具。对此，每一名员工都必须十分警惕，坚决反对和抵制违法、违纪行为，即便是企业要求我们去做一些可能违法、违纪的事情，我们也要清醒地判断是非，敏锐地观察真假，果断地站在维护法律法规、维护社会、企业和谐稳定大局的队伍中，清清楚楚作为，明明白白处事，规规矩矩做人。

无论对于企业还是员工，遵纪守法都有着重要的意义。法纪是成就的护栏。不管在什么地方，都要在规矩下做事情，这样才能做好做成事。只有维护好法纪，行使好自己的职责，才能有一番成就。时时处处要负起责任，要遵纪守法，哪怕工作再不起眼，职业再普通，这种法纪和责任自始至终都贯穿着工作的全过程。如果企业员工对国家法律法规与企业规章制

第三章 营造文化氛围：把文化意识传递给每一个员工

度熟悉明确，并能够不计个人小利，按照规矩完成各项任务，那么企业大局利益就能得到实现。

此外，一个企业想要正常进行生产运营，需要靠严明的法纪、严厉的执法来保证。企业中竞争是残酷的，但再残酷的竞争也不能成为我们违反法纪的借口。对企业中的每一名员工来说，遵纪守法是企业发展的最基本要求，是我们帮助企业创造价值的基础。企业如果缺乏法纪就难以产生强大的生产力。在日益激烈的市场竞争中，一个团队、一个企业要想成为攻无不克、战无不胜的集体，企业的每名成员都必须严格遵守法纪，谁也不能凌驾于法纪之上。

这要求企业的所有员工共同努力，从自身做起。如果每个人都能做到秉承遵纪守法的理念去工作，企业中自然会充满这种氛围，将违纪违法的现象彻底杜绝，形成良好的守法守纪文化，在企业内形成"以遵纪守法为荣、以违法乱纪为耻"的氛围。如果任何逆法而动、越规而行的行为，都会受到责难或是处罚，那么企业内的守法气氛就会越来越好。

② 弘扬诚信理念，成为企业诚信的"代言人"

对于企业来说，坚持诚信理念是企业增强核心竞争力的重要途径。市场经济条件下，企业要谋得发展，必须打造诚信品牌。企业讲诚信，社会信誉度就高，内外形象就好，客户和消费者用其品牌，接受其服务就放心，企业就能在市场竞争中立于不败之地，就能得到可持续发展。构建企业诚信体系，是打造企业诚信品牌，增强企业核心竞争力的必由之路。

诚信之"诚",是诚心诚意、忠贞不二;诚信之"信",是说话算数、信守言诺。诚信是一种真诚无欺的态度,是一种信守言诺的品质。企业要注重打造诚信文化,弘扬诚信理念,坚持诚信做事,保持诚信经营,让诚信文化深入每一个员工的内心,时时刻刻都视诚信为至高无上的行为准则,不论是在生产、经营、销售和其他一切活动中,都以诚信为本,并且大力宣传企业的诚信理念,传播企业的诚信文化,让企业文化成为企业诚信的"代言人"。

同仁堂药店历经300年风雨而不倒,发展为国药第一品牌,就源于两个字:诚信。"品味虽贵,必不敢减物力;炮制虽繁,必不敢省人工",是该药店对"诚信"的诠释。在市场经济的环境中,"顾客就是上帝",市场是铁面无私的审判官。如果背叛"上帝",不诚实经营,一味走歪门邪道,其结果必然是被市场所淘汰。真诚守信是闪光的高尚品德,铁肩担公道,俯首载诚信,挺胸顶压力,方能傲立天地间。这就是企业文化建设的重要基础。

企业诚信,员工才能诚信。企业的诚信理念是员工维护企业道德、加强自身职业道德建设的重要基础。在中国的传统文化中,诚信被视为道德伦理基本准则,是对人们行为规范的要求,是内在品德与外在行为的统一。因此,员工只有秉承诚信理念,才能够让自己的行为得到社会、企业、客户的认可,也才能够在职业道路上有更长远的发展,为打造企业诚信品牌贡献自己的力量。

古人常说"言必信、行必果""信近于义""人无信不立""以信接人,天下信之"等,就是对诚信重要性的最好描述。我国的儒学家就曾将"信"与"仁、义、礼、智"并列为"五德",孟子更是把"诚"奉为自然界和人类社会的最高道德范畴。历史上还有很多关于诚信的典故和成

第三章 营造文化氛围：把文化意识传递给每一个员工

语，如一诺千金、一言九鼎、言出必行、季布一诺、言而有信等。这些都说明了诚信素质对一个企业、一个员工的重要性。

企业诚信，员工就会诚信。诚信是企业精神和核心价值观的直接体现，也是对员工工作的一种"常态"要求，是员工得以将企业精神不断弘扬的根本和前提。在一个企业中，诚信是企业成员相互合作的必要条件，可以很直接并且快速地评估一个人是否值得信赖和被委以重任。诚实守信、言出必行、忠诚可靠、有良好道德品质的人就是值得信赖的，也是企业精神不断发展所需要的。谎话连篇、言而无信，不够忠诚、没有道德的员工只会破坏企业的诚信形象，会给企业造成莫大的损失。

员工在诚信的企业中成长，才会养成诚信的品质。同样，企业更需要诚信的员工才能打造良好的诚信文化。很多世界级企业对员工进行绩效考核时都十分看重诚信，他们需要有能力，但更要有诚信。如通用电气公司对人才选拔的价值观是：员工首先要具备的是诚信，第二是业绩，第三是改革的渴望和创新精神。联想集团在选拔人才时看重毕业生两方面的素质，一是诚信、正直的态度，二是求真务实的工作状态。因为联想不仅需要具有创新意识的人才，更需要脚踏实地、认真做事的人。IBM在选人时也很看重人的正直和诚实，并把这二者放在很重要的位置。惠普公司也十分注重选拔具有诚实和正直品行的人才。这些企业都认为，如果一名员工不能诚实地工作，即使他能在短时间内给公司带来效益，但不可能带来长远的利益，而员工不讲诚信的行为还会给公司造成负面影响。

有一名在德国留学的外国学生，毕业时成绩优异，决定留在德国发展。他四处求职，拜访了很多家大公司，但都被拒绝了。为此他很是伤心和恼火，但为了在这里生活下去，他不得不收起高才生的架子，选了一家小公司前去应聘，心想这次无论如何也不会再被德国人赶出门了吧！然而出人意料的是，这家公司虽小，却仍然和大公司一样很礼貌地拒绝了他。

企业文化建设：从理念意识到行为习惯

这位留学生终于忍无可忍，对这家企业的招聘经理拍案而起："你们这是种族歧视！我要控告你们！"接待他的德国人很冷静地请他坐下，然后从档案袋里抽出一张纸放在他面前，示意他看一下。留学生拿起纸一看，发现是一份记录，上面写着他乘坐公共汽车时曾经逃票三次。

难道因为逃票三次就拒绝一个有才干的人进入公司吗？这位留学生又惊讶，又气愤："原来你们就是因为这么点儿鸡毛蒜皮的事而小题大做，太不值得了。"但是这位小公司的招聘经理说："在德国，抽查逃票一般被查出的概率是万分之三。也就是说逃一万次票才可能被抓住三次。我们很欣赏你的才能，却不能接受你三次逃票这种不诚实的记录。"

这位留学生听了顿时哑口无言。在事事认真的德国人看来，坐车不买票的人是不讲诚信的，而他居然被抓住三次，这说明他坐车很少买票。这样的人他们怎么敢留下任用呢？

<<<<<<<<<<<<<<<<<<<<<<<<<<<<<<<<<<<<<<<<

员工在工作中要做到秉承诚信理念，帮助企业打造诚信品牌，首先必须对诚信理念有正确全面的认知。随着时代的不断发展，诚信理念已经不仅仅是诚实那样片面，更包含了可靠性、责任感、团队精神、爱国心等方面。它表现为一个人对他人或组织的诚实性和信用程度，取决于一个人自身的品德，体现在一个人的个性和价值取向之中。它是一个人处世和做人的一种必备素质和行为规范，也是员工人品修养的核心部分。只有对诚信理念有了全面的认识，才能努力去做到恪守这种理念，为自己也为企业打造诚信品牌。

员工要弘扬企业诚信理念，提升自己的诚信素质，传播诚信文化，自觉做好企业诚信的"代言人"，就要在日常工作中时刻提醒自己，诚信是企业和自身发展的根本。企业的诚信水平越高，人与人之间的信任范围就会越大，企业管理的成本就会缩小，效益就会提高。企业员工在生产经营活动中把握好量和度，诚实、守诺、理解、信任和包容，就会形成一种良性的互动关系，企业就能在生产、市场、流通领域开拓更宽广的发展空间，使人员、物资、资金等要素优化组合，形成再生产的优势。因此，诚信不仅是建立良好市场环境的重要因素，也是员工自身发展的重要基础。所以每一个员工在代表企业与社会进行接触的过程中，或是在日常生活与他人接触中也始终保持诚信理念，自觉主动地将企业和自己的诚信展现给他人和社会，就是为打造企业诚信品牌做贡献，就是为企业的诚信"代言"。打个比方来说，假如员工在社会生活中坚持以诚信原则待人，那么一定会受到他人的赞赏，而当他人知道这些员工的工作单位后，自然会认为企业精神中饱含诚信理念，才造就了拥有诚信品质的员工。

每一个员工其实都是企业理所当然的代言人，不论员工的表现如何，代表的都是企业的形象、企业的理念和企业的精神。所以，在建设和铸就企业文化时，企业务必重视对企业员工的"同化"，让企业理念和文化贯穿到企业员工行为的方方面面，让每一个员工都成为企业文化和形象的"代言人"，而不仅仅只是在诚信方面。

③ 担起企业使命，汇聚强大的凝聚力

企业是为一定的使命而存在的。企业使命必须能引起员工特别是客户或社会的共鸣。要明确知道企业战略、经营活动、制度流程方面的变化，在使命的指引下，朝着既定目标发展。

前面我们说过，使命原本是指重大的任务或责任。这个词有着浓烈的

企业文化建设： 从理念意识到行为习惯

庄严肃穆之感，十分崇高，有"天将降大任"的意味。企业使命代表的是一个企业的祈望，是从诞生之际起就应承担的社会责任和义务。比如制药企业的使命，是做出最好的药品；节能企业的使命，是能够为社会、为子孙后代，做出让天更蓝、山更绿、水更清、让环境更美丽，让生活更美好的产品；文化企业则承担着传承优秀文化、促进文化发展的使命；科技企业的使命必然是开拓科学技术的新领域，让科学技术更好地为人类服务，等等。

>>>>>>>>>>>>>>>>>>>>>>>>>>>>>>>>>>>>>>>

读者出版传媒股份有限公司自设立起，就确立了公司的使命，即"让国内千万读者阅读最具正能量的综合文化类优秀期刊"。这一使命像颗种子，决定着读者传媒的成长历程。"读者"品牌下的所有文化产品，始终坚持弘扬优秀文化，坚决抵制低俗，倡导对国家、对社会、对人类的大爱，把文化企业的使命担当作为公司的社会责任。

2009年，读者传媒股份公司设立时，别的公司不乏低俗的期刊问世。当时公司有人提出，再出一种低端刊物，以俗抗俗、增加收入。然而，读者传媒始终坚守自身企业使命。

再如近几年强势崛起的科技企业：中兴、华为、小米等，都自觉把开拓科学技术新局面作为自己的天然使命，并为之拼尽全力。取得不菲成绩的同时，也使企业品牌直线升值。

2011年，中兴通讯股份有限公司以2826件专利申请量位居世界第一，华为技术有限公司以1831件排名第三位。2011~2012连续两年，中兴通讯蝉联全球PCT专利申请第一。截至2013年，中兴全球专利申请量为52000件，其中发明专利超过90%，全球授权数量超过16000件。中兴是全球70多个国际标准组织/论坛成员，并在30多个标准组织中处于领导职位。中兴用自己的实力担起了引领中国科技创新的使命。

第三章 营造文化氛围：把文化意识传递给每一个员工

而中国科技创新大本营之一的华为，毫无疑问是中国企业科技创新的成功典范，更是中国科技创新的一张亮丽名片，也是为客户服务的典范企业。华为早在几十年前就提出：华为的追求是实现客户的梦想，这一使命现在已成为华为人的共同使命。以客户需求为导向，保护客户的投资，降低客户的 Capex 和 Opex，提高客户竞争力和盈利能力。至今全球有超过 1.5 亿电话用户采用华为的设备。华为已经形成了无线、固定网络、业务软件、传输、数据、终端等完善的产品及解决方案，给客户提供端到端的解决方案及服务。全球有 700 多个运营商选择华为作为合作伙伴。

每个企业的使命虽然不同，但发展和壮大，是企业的先天使命。企业越能担起使命，越能汇聚起强大的凝聚力，使企业的每一个员工都能在共同使命的召唤下凝聚在一起，形成强大的合力，推动企业不断地发展壮大。

企业是一个为了完成共同使命而组建的团队，只有全体成员都对企业使命有明确的共识并愿意为共同的目标努力奋斗，这个企业才有望成功。企业是由员工组成的，企业使命当然需要员工来完成。也可以这样说：担起企业使命，是员工的天然使命。

有些员工可能会认为，企业的使命与自己并不相关，自己只需要完成自己的人生使命，获取自身的个人目标就足矣。这是把企业使命与自己的人生使命抽离开了。实际上企业使命就是每一个员工的共同使命，唯有勇于担当，肩负企业赋予我们的使命，并将企业使命与自己的人生使命完美融合，从而让自己在实现企业共同使命的同时也实现我们自身的个人使命，让我们的人生更加完整，得到更长足的进步。

每个企业都会通过企业文化来传达企业将要赋予员工的使命，例如，企业要以服务广大客户作为第一要务，要以为国家创新科技作为首要目标等。通过企业文化可以轻易地提炼出企业精神、企业使命和企业核心价值观，这样就能够了解作为企业中的一名员工，要肩负起怎样的使命。

当然，员工仅仅知道使命还是远远不够的，必须企业里的每一个员工都勇于承担这份使命，把它当作自己的个人使命来努力完成，从而汇聚起强大的力量，完美地完成企业使命。并且员工在完成企业使命的同时还要完成自己的个人使命，实现自己的人生价值。

要想每一个员工都把企业使命当作个人使命来完成，汇聚强大的凝聚力，首先要求员工认同企业文化所传达的企业使命，并愿意为之付出自己的努力。任何一个人在做一件事情时都需要足够的动力，而认同感则是产生这些动力的基础。只有认同企业的使命，并乐于为之奋斗和努力，大家心往一处想，劲往一处使，才能真正完成企业的使命。倘若我们都做不到对企业使命的认同，那又怎么会心甘情愿为之付出努力呢？因而首先要正视企业的使命，对企业的使命有正确的认识，认识到帮助企业实现使命的重要性和长远意义，才能够激发自己内心的动力，为完成企业使命而尽自己的一份力。

>>

某制药企业里，企业和员工的共同使命是通过自己制造的每一件产品使患者解除痛苦，恢复健康。这样的使命激发出员工很强的认同感，使每一个员工都以有这样崇高的使命感而自豪。每一个员工在工作的时候都十分认真，高度负责，自觉主动地把"造出最好的药品"当成自己根本的使命和追求的目标，从而不计一切代价地奉献自己的精力和智慧。

正是因为企业内所有员工都认同这一崇高的共同使命，并且倾尽所能去为完成这一使命而努力，因而企业制造出最好的产品，树立好的口碑，带来好的销路，都成为理所当然。企业品牌越好，经营越兴旺，员工越努力认真地工作，并更加努力地为了这一使命而奋斗。企业的兴旺发达就成为一种良性的循环，企业也因此获得更长久的发展。

<<<<<<<<<<<<<<<<<<<<<<<<<<<<<<<<<<<<<<<<<<

第三章 营造文化氛围：把文化意识传递给每一个员工

这也是很多伟大的企业之所以长盛不衰、基业永固的重要原因。能够在激烈的竞争中永立不倒、能够在多变的时势中挺立前行的，永远是那些有着强烈的使命感和责任感，员工认同企业的价值观，并且所有的员工都能在这种价值观中找到自己归属感的企业。

其次，要了解自己需要通过哪些途径来完成企业的使命。企业使命是企业生产经营的哲学定位，也就是经营观念。企业确定的使命为企业确立了一个经营的基本指导思想、原则、方向、经营哲学等，它不是企业具体的战略目标，但影响企业的决策和思维。这中间包含了企业经营的哲学定位、价值观以及企业的形象定位。因此，想要更好地完成企业的使命，就需要在工作中秉承企业的经营观念，保持与企业一致的价值观，努力维护企业的形象。例如，当我们在进行一项工作时，就必须考量自己的工作方式和决策是否符合企业的经营观念，对于工作过程和结果的看法是否与企业保持一致，行为是否在维护企业的基本形象等。只有这些方面都与企业文化所传达的精神保持一致，我们才能够说自己肩负起了企业的使命，并通过自己的行动努力完成它。

最后，每一个员工必须时刻保持勇于担当的责任心，只有时刻保持对企业高度负责的心态，才能让自己的工作不仅仅是为了养家糊口，更是为了实现企业使命，让企业使命与个人使命达成统一，让两种使命同时得以更好完成。当然，责任心和使命感并非一朝一夕就能养成，这需要我们以企业文化的核心精神作为指导，在日常工作中时刻提醒自己是否遵循了企业文化所宣扬的理念和准绳，是否切实将企业文化核心理念落实到工作的一言一行当中。只有在工作中的一件件小事上提醒自己，约束自己，我们才能够形成高度的责任心和使命感，才能够在履行企业使命的同时让企业文化得到弘扬。

企业的使命就是员工的使命，在完成企业使命的同时，员工也完成了自我的使命，实现了自身的价值。认识到这一点，会使更多的员工自觉努

· 65 ·

力地投入到为企业使命努力的大军中来，凝聚成一股巨大的力量，把企业推向更加兴旺的轨道，得到更好的发展。

④ 打造企业品牌，让员工引以为荣

　　企业文化还有一个重要的功能，就是塑造企业品牌，让企业在本行业、本国甚至全世界都负有盛名，成为世界上响当当的名牌企业，每一个员工都会以此为荣，都会以自己能进入这样的企业而骄傲，以能在这样的企业工作而自豪，员工们为企业奋斗和奉献的自觉性也会更高。

　　商场如战场，当全球性的人才争夺战愈演愈烈的时候，在开放的人才市场上，世界500强企业已经成了最具吸引力的"宝地"：令人艳羡的待遇、卧虎藏龙的团队、梦寐以求的企业文化及舞台发展空间。很多员工都以进入500强企业任职为荣，因为500强企业卓越的品牌让所有能入职的员工都感到一种自豪——因为被最棒的企业招录，等同于自己也是最棒的。所以对于很多人来说，能够进入世界500强企业，能够成为一名500强企业的员工，为世界上最优秀的企业工作，确实是一件让人引以为荣的事。

　　　　比如在国内，年轻的毕业生以进入华为为荣。为什么？除了华为良好的口碑、超高的收入和世界500强企业的名气之外，更重要的是华为的品牌。在中国，华为是创新、奋进、努力和拼搏的代名词。一个人在华为工作，几乎意味着他不会虚度一分一秒的时间，意味着他将是一个不断成长进步，甚至有着光明未来的

第三章 营造文化氛围：把文化意识传递给每一个员工

人。有这样的光环，凭什么不能引以为荣呢？

当前华为是全球最大的电信设备供应商，在华为开始创业的20世纪80年代中后期，国内诞生了400多家通信制造类企业，但这个行业注定是场死亡竞赛，赢者一定是活得最久的那个。华为活到了最后，而且一举挤入世界500强企业的行列。华为的品牌，现在在全世界范围内都有着响亮的名头。

华为的员工最讲究的是敬业和奉献，华为人的辛苦和压力也是有目共睹的。但付出和回报在这里是成正比的，"不让雷锋穿破袜子，不让焦裕禄累出肝病"。在华为的高速运转过程中，一直走"高薪"路线，按任正非的说法，华为就是"高效率、高工资、高压力"的"三高"企业，"高工资是第一推动力"。华为掌舵人任正非在企业内部推行"工者有其股"的激励机制，让员工和企业共同奋斗，共同受惠，形成了一个有机的命运共同体。比如根据华为2010年业绩，每股分红2.98元，如果一个老员工持50万股，他将在年底拿到分红100多万元。2007年华为最基层员工的年薪平均为16万元，普通经理层平均年薪为50万元，公司级高管则高达数千万元，远远高于国内其他企业的年薪收入水平。十年后的2017年，华为发布2016年年报。年报显示，2016年华为实现销售收入5215.74亿元，同比增长32%。5200亿是什么概念？相当于5个格力、5个中兴、5个长虹、6个比亚迪、7个小米、20多个康佳！更引人关注的是，年报"泄露"了华为员工的收入。2016年，华为支付雇员费用为941.79亿元，而华为现在约有18万名员工。据此计算，去年华为员工的平均人均薪酬接近60万元。

2016年6月，一张华为22级员工（某地区部门销售副总裁）的工资单在网上流传。其中显示，2015年工资99万元（税前），

企业文化建设：从理念意识到行为习惯

分红307万元（税后），奖金46.5万元（税后），补助46.6万元（税后），上述4项目加起来，收入500万元。这样的高薪，不仅是其他企业员工极度艳羡的高工资，更是作为华为人从内心深处引以为荣的资本。

现在，华为已经成为中国最优质的民营企业，没有之一。在华为，不仅有高薪，还有发挥自己的天才、实现自己价值的平台，每一个努力的员工都可以在这里找到自己的舞台，尽情挥洒自己的才华，这样的企业，本身就自带光环，本身就让人骄傲且自豪。

好的企业，知名的品牌，在这样的企业工作，员工就会油然而生一种自豪感，以企业为荣。所以企业文化还有一个重要的功能，就是塑造企业品牌。一个良好的品牌，会让员工非常骄傲和自豪，也会使企业产生更大的凝聚力和向心力，聚合更多优秀的人才，让员工更有奉献精神和归属感。

有一个毕业不久的学生，他对所在的企业和自己的工作都充满了自豪感。他说，他们企业获得了很多的专利，有些已经领先世界。他说，他们的产品销往多个国家和地区，经常供不应求。他说，他们的工资比当地的公务员高出一倍，年底还有不小的红包。他说，他们的文化活动丰富多彩，比在学校里还充实和快乐。有这样的企业，员工的骄傲溢于言表，有这样的员工，企业的发展指日可待。

荣耀感和自豪感是当自己的价值特性达到理想的目标，或优于他人的价值特性时，产生的心理愉悦感受。这是一种满足和肯定，也是一种激励和鼓舞。对于一个企业来说，如果绝大多数员工都拥有了荣耀感和自豪感，那就说明这个企业积聚了巨大的创造力和正能量，一定能够蓬勃发展,蒸蒸日上。看一个企业的职工有没有自豪感,也可以判断出这个企业的管理是不是科学,经营是不是兴旺。

应该说,现在很多新型企业的员工,都拥有自己的自豪感。有的以产品而自豪,有的以效益而自豪,有的以稳定而自豪,有的以待遇而自豪,也有的以自身价值的体现或个人经验的积累而自豪。一个企业要发展和创新,必须有强大的精神力量作为支撑。而员工的自豪感,就是不可或缺的精神力量。所以但凡创造辉煌的成功企业,都把员工自豪感的培养当作一项重要任务。不断地研究和探讨,寻找提高自豪感的方法和途径,塑造让员工自豪的企业品牌,就是其中重要的一条。

现在很多企业还没有意识到品牌的重要性,企业最关注的就是销量和利润;但是一个企业产品没有好的品牌,即便你有很多销量,也很难有好的影响力。幸运的是大多数企业都开始认识到要生存就一定要有自己的品牌,而且品牌要有一定的口碑,才能最终被用户认可,才能让员工引以为荣,从而更好地促进企业的发展和壮大。那么如何在企业文化建设的同时促进企业品牌的塑造呢?

(1) 坚持品牌定位

很多企业家其实都不太明确自己品牌的定位,看到别人追热点、追事件,就觉得自己要是不追就亏了。其实不然,品牌就是综合企业的产品与服务,呈现在消费者心中的印象,最持久的含义和实质是其价值、文化和个性,而价值、文化和个性是将品牌和消费者牢牢套在一起的不可缺少的部分。小企业先定位一个细分领域的点,不要过大,坚持去做,做出成绩,做出口碑,品牌也就出来了。

(2) 拥有足够的耐心

塑造品牌形象是一个循序渐进的过程,企业都是从小慢慢变大,从弱慢慢变强。品牌也是一样,是从低附加值慢慢向高附加值转变,向产品开发优势、产品质量优势、文化创新优势的高层次转变。当企业的品牌文化被市场接受之后，其品牌才真正开始产生市场价值。这需要企业文化的长期推广。

(3) 找准品牌核心文化

品牌不仅仅象征着一个企业的实力，更象征着人的价值观，抒发着人的情怀，蕴含着更加生动的精神文化层面的内容。就像可口可乐象征着美国文化，奔驰象征着成功和地位，小米是模式创新的代名词一样。找准品牌的文化定位，并且着力宣传，才能让企业品牌口口相传。

(4) 扩大品牌推广

品牌推广其实就是品牌贩卖，它是品牌建设的最终目的，即将品牌最终送到消费者手中从而实现品牌价值。每一个品牌在被塑造成一个形象之前，都是经过严格的品牌调研诊断、品牌规划定位、品牌传播推广、品牌调整评估等各项工作的。而且在长期的塑造过程中，还需要不断提高品牌的知名度、美誉度、忠诚度，积累品牌资产。这就是为什么我们所熟知的"大品牌"，历史都相对比较悠久的原因。

企业界流行一句话：三流的企业卖产品，二流的企业做品牌，一流的企业做文化。所以品牌推广不仅是单纯的宣传，还应当把企业文化融入其中。

(5) 重视品牌质量

加强品牌管理首先要求企业负责人亲自过问品牌问题，把形象塑造作为企业的优先课题和企业发展的战略性问题，像抓产品质量一样来抓品牌形象塑造。要树立全体员工的品牌意识，员工明白塑造品牌形象的重要意义，就会产生责任感和使命感，进而形成凝聚力和战斗力。要在企业内部建立起特有的理念体系和运作机制，建立起科学的组织架构和严密的规章制度，这是实施品牌管理的组织保证，也是企业文化建设的重要内容之一。要高度重视企业产品与服务质量。质量是品牌的基石，所有强势品牌最显著的特征就是质量过硬。一项民意调查显示，有90.6%的中国人认为名牌就是"产品质量好"。所以抓品牌塑造绝不能少了质量文化的建设。

总之,要凝聚人才、汇聚员工力量,就要打造良好的企业品牌和口碑,有了让员工引以为傲的品牌,员工的归属感和认同感就会大大增强。企业与员工凝成一股绳,企业壮大也就指日可待了。

⑤ 建设企业特色文化,提升企业辨识度

企业之间的竞争越来越表现为文化的竞争,企业文化对企业的生存和发展的作用越来越大,成为企业竞争力的基石和决定企业兴衰的关键因素。企业文化是以企业管理主体意识为主导,追求和实现一定企业目的的文化形态,并不是企业内部所有人员的思想、观念等文化形态的大杂烩。企业文化所包含的价值观、行为准则等意识形态和物质形态均是企业群体共同认可的,与无组织的个体文化、超组织的民族文化、社会文化是不同的。

企业文化产生于不同企业,每个企业都有它独特的文化氛围、企业精神、经营理念和价值观,因此所形成的企业文化也是各不相同的。而且具有企业独特特质的企业文化,是很难被模仿甚至"山寨"的。技术创新可以模仿,先进方法可以模仿,但企业文化不能模仿。越是有特色的企业,其辨识度自然也就越强,也就更有影响力和号召力,越受到大家的追捧和喜欢。

青岛啤酒的企业文化就别具一格,从而打造出不一样的特色,成为民族品牌走向国际化品牌的传奇样本。正如青岛啤酒有

企业文化建设：从理念意识到行为习惯

限公司董事长金志国所阐释，"做大靠资本、做强靠品牌、做久靠文化"，文化已成为青啤最宝贵的资源和核心竞争力之一。

青啤文化的最大特点，是建立在诚信、和谐基础上的"以人为本"，所谓有"好人造好酒"就是对以人为本的一种最朴素的表达。在青啤，新人入厂会接受这样一堂"必修课"：徒弟问师傅，刷洗发酵池干净的标准是什么？师傅问，你爹喝啤酒吗？徒弟说，喝。师傅说，那你就照着刷你爹酒壶的标准刷。

青岛啤酒的"以人为本"表现在多个方面，客户价值最大化一直是青啤的信条之一。对青啤来说，这种以人为本的追求，目的是使自己能够成为对别人负责，也受别人尊敬的"企业人"，青岛啤酒对声誉、品格的追求，较之实在利润也许更为重视。目前，青啤无形资产估价500多个亿，大约3倍于有形资产，跻身世界品牌500强。多年来，青岛啤酒能够在国内外市场上成为中国高端产品的代名词，将其归结为企业美誉度的延伸与放大，应无大的异议。

如果说，受黄河文明哺育，青啤文化奠定了诚信和谐的精神底色。那么，西方的技术、资本、人才，身处海洋环境的成长背景，又赋予了青啤以开放的文化色彩。以开放、包容为起点，青啤对自己文化的反思与改进从未停止，正是这种被青啤人所说的"文化新鲜度"，使一个历史悠久的公司历久弥新。

"以文为魂"，体现于文化在潜移默化中对青啤事业的引领与推进，同时也体现在文化建设对于企业活动无处不在的渗透。在青啤，文化从建模到推行再到评估，每个环节都紧密关注文化与经营的关系。文化建设成为企业行为的同时，也使得文化力的形成与建设具有了强大生命力。特别是已经连续举办了20多届的青岛国际啤酒节，更是青岛啤酒的文化标志之一，成为青岛啤酒走向市场的重要代言。从每年的6月份开始,从南到北、从东到西,国内近30个城市的啤酒节依次举行,啤酒节对加快青岛啤酒与世界交融并进的作用日益彰显。

独具特色的商业文化,在塑造更具竞争力的青啤的同时,也在悄然提升着、放大着青啤在文化层面的影响:作为东方文化的使者,黄头发蓝眼睛的青年把青岛"纯生"图案的刺青作为时尚,成为青岛啤酒国际化、时尚化的"背书";青岛啤酒博物馆已成为游客到青岛必看的景点之一;青岛啤酒街成为青岛餐饮业寸土寸金的黄金宝地……这些,都有力地推动了青岛啤酒产业的扩张,壮大了青岛啤酒的品牌竞争力。

企业文化推动企业提高核心竞争力。企业文化的内容简单明确,价值观得到组织成员的广泛认同,在这种价值观指导下的企业实践活动中,企业的成员会产生使命感,员工对企业及企业的领导人、企业形象会产生强烈的认同感。这是企业文化成为企业发展内在动力的基础。

企业文化建设要大力弘扬企业独特的核心价值观,作为全体员工秉承的根本原则和强有力的精神支柱,将员工的思想和行为统一到企业提质增效工作上来,使得心往一块想,劲往一处使,从而打造出自己的特色文化,稳步推进企业可持续发展。同时在文化建设中,企业要注重打造优秀的人才队伍。让企业文化激发员工的学习动力,鼓励员工热爱学习,自觉学习,在不断学习中提高个人专业素质和工作能力。让企业文化成为无形的激励措施,将"以人为本""重奖先进""珍惜人才"等理念融入到管理中,调动工作积极性,激发员工的创造力,让员工感觉被肯定、有希望、有奔头,在努力工作中获得成就感。让企业文化成为一种标准的行为准则,约束员工的言行,打造标准化作业,在工作中爱岗敬业,尽职尽责。由此打造出别具特色的企业形象,提高了企业辨识度,就像一提创新就能想到小米、一提中国造就能想到格力一样。

每一个企业的经营方向、管理模式和企业使命不一样,企业文化当然也会各有特色。企业只有根据自身的经营定位和文化定位,着力营造既适合自身发展、又别具特色的企业文化,全面提升企业的辨识度,才能使企业文化所到之处,都展现出企业鲜明的特色。

⑥ 铸就企业归属文化,增强员工主人翁意识

企业不是凭空建立的,企业的基础是员工,只有锻造优秀的企业文化,让员工有强烈的认同感和归属感,才能真正使员工把企业当成"家"来对待,把自己当企业的主人,像主人翁一样为企业奋斗和拼搏。

现代学管理大师彼得·德鲁克认为,一个好的企业像什么?应该像家。一个像"家"的企业,是所有企业管理者的期盼,是所有企业员工的梦想。因为这样的企业能给员工极大的归属感,让员工觉得企业就是自己的"家",从而产生一种由衷的主人翁思想,主动地为企业着想,为企业奋斗,企业就会越来越好。

>>

宝洁公司是一家美国消费日用品生产商,也是目前全球最大的日用品公司之一。在这个拥有10多万员工的大企业里,每个员工随时随地都能感觉到家一样的温馨、和谐,员工都会将自己当作企业的主人。

宝洁是怎样做到企业和员工一家亲的呢?

这可以从员工走进宝洁的那一刻说起。宝洁很大,新员工来到公司,不熟悉宝洁的工作怎么办呢?没有关系。宝洁公司会给

第三章 营造文化氛围：把文化意识传递给每一个员工

新员工提供培训。在接受了公司的常规培训和一些岗位技能的培训后，新员工会大致了解公司和工作的基本情况。之后，宝洁还会派出一些相关部门的领导、各部门总监、副总监等给学员上课，讲授本部门的主要工作、注意事项、做好工作的方法等，让新员工尽快熟悉新工作。

不了解宝洁的工作环境？也没有关系。公司会从新员工任职的部门中挑选出一些具有丰富经验的员工，给新员工提供一对一的帮助。新员工有什么不懂的，都可以问他的"伙伴"。这个"伙伴"会经常去看望新员工，同他们谈心，关心他们的生活，倾听他们在工作和生活中遇到的困惑和苦恼。"伙伴"还会以自己的经验，告诉新员工应该在公司里注意哪些事情，怎么去开展工作，以及公司文化的细节。

在宝洁，员工总是能得到悉心的关怀和照顾。宝洁有很完善的激励措施，这些激励措施很注意员工精神层面和物质层面的需求。精神层面的激励有荣誉称号，口头、书面和大会表扬，以及邀请员工参加各种决策等。物质层面的激励包括提升工资，给予住房和股票等。

宝洁还给25%的员工设置了特殊奖励，获奖员工的上级经理会根据员工的喜好提供奖励。比如，对喜欢看戏的员工，会奖励他戏票；对喜爱美食的员工，公司会准许他出去大吃一顿回来报销等。这项个性化和人性化的奖励，让员工感受到了公司和上级对自己的切身关注。

工作之余，宝洁也十分重视员工的业余生活。员工拨打免费电话即可获得心理健康、理财、婚育、购房、交友等方面的服务；公司还支持组织各类业余俱乐部，开展多种文体活动，丰富员工的业余生活。

企业文化建设：从理念意识到行为习惯

在文化方面，宝洁提供了一个类似于家一般的让人产生极强认同感和归属感的企业氛围。宝洁的所有员工不分等级，上至最高的首席执行官，下至最基层员工，全都没有论资排辈的风气，同时也不存在像有些企业那样的拉帮结派、亲疏有别的问题。

在宝洁你不要考虑其他事情，只要做好自己的工作就可以了。实际上，由于每个人都有一些自己的目标，根本无暇、也不需要去顾忌别人都说了什么或做了什么。只要工作做好了，企业自然会评估，升职的机会也自然会到来。

在主人翁精神的核心价值观之下，宝洁给予员工高度的信任与自由度，不仅让员工自行安排工作内容与优先顺序，也不要求员工打卡考勤，一切由员工自我管理，并赋予员工自主权与决策空间。宝洁相信员工会按照对公司整体最有利的方式进行工作和职业规划，这种信任员工、尊重员工的信念，使得员工也愿意以企业的利益为重，做企业的主人翁。

<<<<<<<<<<<<<<<<<<<<<<<<<<<<<<<<<<

塑造企业文化，并非务虚，而是务实，需要企业和员工的共同努力和付出。企业要给员工家一般的关爱，让企业成为员工的温暖港湾，如此一来，员工才会回应企业的关爱，对企业充满期望，进而付出。因此，要让员工有归属感，关键是企业赋予了员工多少"爱与期待"的力量。

当员工对企业有强烈归属感的时候，就会主动把自己当成企业的主人，以主人翁的态度来对待企业的所有工作，从而充满激情地去工作，对自己的所作所为负起责任，并且持续不断地寻找解决问题的方法，克服工作中的各种障碍，工作起来会更加积极主动。员工会去接手那些额外的或者是费力不讨好、琐碎、不起眼的工作，也不会对分外的工作表示不情愿或是抱怨。当所有的员工都把企业当成自己的家，把自己当成企业的主人，心往一处想，劲往一处使，企业还有什么理由不壮大呢？

有很多成功的企业，它们的管理者都希望员工参与到企业的各项工作

第三章　营造文化氛围：把文化意识传递给每一个员工

之中，让员工当家作主。

譬如，美国通用电气公司，1981年杰克·韦尔奇接任总裁后，认为公司权利过分集中，管理人员对工人干涉较多。为此，他实行了"全员决策"制度，使那些平时没有机会互相交流的职工、中层管理人员都能出席决策讨论会。"全员决策"的开展，让员工有了话语权和决策权，员工感到通用就是自己的企业，工作更加努力。公司业绩也在经济不景气的情况下取得巨大提高。

杰克·韦尔奇的"全员决策"有利于避免企业中的权力过分集中，让每一个员工都体会到自己也是企业的主人，从而真正为企业的发展着想，这绝对是一个优秀企业家的妙招。

现代企业缺乏的不是有才华的员工，而是有归属感的员工。他们需要员工把公司的困难当成是自己的困难，与公司同甘苦共患难，想公司之所想，急公司之所急。要做到这些，员工必须将公司当成自己的，对公司倾注自己的真情。只有公司发展上去了，才能为员工提供更好的发展机会，才能更好地改善员工的物质精神生活。

有些员工虽然有能力，能给公司创造出很多的价值，但是他们遇事不会替公司考虑，一切以满足自身需求为前提，他们缺乏"我是主人"的意识，于是在工作中缺少一种与公司共同进退的精神。在关键时刻，这种员工给公司带来的损失甚至要大于他们所创造的价值。如果把公司当作自己的产业，有着"我就是主人"的意识，本着这种主人翁精神去工作，情况就会大不一样。所以让企业文化具有强烈的吸引力、让员工具有强烈的归属感，是非常重要的。

文化是企业的灵魂，它能引导员工树立与企业一致的价值观，从而使员工产生归属感、企业获得凝聚力。那么如何打造企业的这种归属文化呢？

（1）企业要创造一个鼓励沟通的氛围

员工可以通过各种正式的和非正式的渠道交流看法，交换信息。企业及时把员工的绩效考核结果反馈给本人，并帮助他们制订绩效改进计划，在日常工作中给予适当的指导，将有助于提高员工的工作积极性。充分的沟通可以实现信息和知识的共享，提高工作的效率，并且让员工感觉到自己是其中的一员，建立起归属感。

（2）建立让员工更自在和具有幸福感的"家"文化

俗话说，"家和万事兴"，要提升企业的凝聚力，就要使成员建立一种互相信任、互相理解、互相帮助的家庭"成员"关系，也就是在企业中建立起"家园"文化。家文化可以把企业职工个人的奋斗目标引导到企业所确定的总体目标上来，能够在企业具体的历史环境及条件下将人们的事业心化为具体的奋斗目标和行为准则，为企业的共同奋斗目标而努力。家文化有很强的凝聚作用，对于一个企业而言，人心聚合关系到企业的兴衰，使职工自觉地把人的命运与企业的安危紧密联系起来，与企业同甘苦、共命运。优秀的家文化可以创造一种人人受重视、受尊重的文化氛围。而良好的文化氛围，往往能产生一种无形的激励约束作用，人就会从主观上产生责任感，具备极强的驱动力和内化性，员工无论遇到什么样的矛盾和困难，都会以企业这个"家"的利益为出发点，为"家"尽职尽责。人只有有了责任感，才能具有驱动自己一生都勇往直前的不竭动力，才能感到许许多多有意义的事需要自己去做，才能感受到自我存在的价值和意义，才能真正得到人们的信赖和尊重，从而就会对工作投入极大的热情，充分发挥积极性、主动性、创造性，全力以赴地开展工作。

（3）加强理念导入，促进行为规范，引导团队学习，深化管理创新，打造和谐高效企业

把企业建成"家"一般的温馨港湾，在员工与员工之间，营造相互信任、彼此关爱，有福同享、有难同当，和睦相处、其乐融融的亲人式关系。比如根据企业实际情况可建立健身点、读书点、困难员工帮扶点、安全示范岗，开展职工交流会、互助帮带会等活动，作为家文化建设的支撑。从关爱员工入手，及时了解员工思想动态，发现问题并及时疏导，让员工能真正感受到"家"的温暖。

(4) 定期召开员工代表会议

企业定期召开员工代表会议，讨论研究薪酬分配、员工奖惩等涉及员工切身利益的事项，做到"目标任务、绩效考核、薪酬分配、费用支出、评先选优"五项内容公开上墙，把每位员工当成"家"人，让每位员工心里明白踏实，确保员工的知情权、参与权、监督权。

总之，企业建设"家文化"，能够充分调动员工主人翁意识，帮助员工不断成长，更好地实现员工价值，也增强企业的实力，为企业壮大打好基础。

锻造企业自律文化，自动自发践行企业文化

企业管理规章制度作为企业规范运作的重要保障之一，是用"他律"来规范员工的行为，它的作用是显而易见的。但是企业仅仅依靠规章管理制度还不够，在正式制度之外有管理存在的空白，这就需要另一种制度来配合——企业文化，因为企业文化这种非正式制度是通过"自律"来激励和约束员工的，优秀的企业文化会引导员工自觉主动地践行企业文化，规范自己的行为，主动担起自己的责任和使命。故而自律文化的建设也是相当重要的。

企业文化建设： 从理念意识到行为习惯

"自律"的企业文化，是指企业在长期经营过程中，把企业内部全体员工结合在一起的理想信念、价值观念、管理制度、行为准则和道德规范的总和。它以全体员工为对象，通过宣传、教育、培训等方式，最大限度地统一员工意志，规范员工行为，凝聚员工力量，为企业总目标服务。企业文化通过"文化优势"形成一种无形的压力和推动力，它反映和代表了企业员工的整体精神。先进的企业文化，是企业在长期生产经营、改革发展中沉淀、提炼形成的，是企业生存和发展的内在动力，是规范企业和员工行为的软约束，是提升企业形象、增加企业价值的无形资产，是企业核心竞争力的形成要素和重要组成部分。优秀的企业都有很好的自律性。

3M是著名的制造业品牌。在全球销售67000多种自主开发的产品，从办公桌上的报事贴便条纸，到汽车的遮阳膜，或者是手机屏幕后的增亮装置。这是一家无处不在的公司，有着庞杂的产品线，也有着优秀的自律文化。"履行企业公民责任，是我们企业文化的一部分"，这是3M的信条。客户、员工、投资者、社会责任，这是3M公司的四大核心价值观，几乎囊括了所有的利益相关者。

在产品的生产过程中，3M是首批采用"生命周期管理"的公司之一。"3M每年推出500种新产品，开发团队利用生命周期管理标准，在产品生命的每个阶段，从开发及制造、到分销和客户使用乃至最终废弃处理，都系统地、全面地处理环境、健康和安全问题和机遇"。而当环保和商业利润发生冲突时，3M选择了前者。3M曾有个著名的产品——"思高洁"保护剂，用于皮革和服装面料的防污处理，该产品在美国家喻户晓，市场知名度高达99%。但由于发现"思高洁"成分中含有不易降解的化合物——全氟辛基磺酸盐，基于环保的角度，3M主动宣布全球停产该产品系列，这也意味着放弃了3.2亿美元的市场销售额。

第三章 营造文化氛围：把文化意识传递给每一个员工

3M在履行企业公民责任方面投入不菲，也同样获得了现实的商业回报。比如捐赠口罩。在非典时3M向中国捐赠了大量的口罩，这一行为使其知名度在中国大大提高，销售也获得了提升。

企业文化的本质，其实就是对企业核心价值观的一种再现和外化。企业有良好的自律和自觉，担起一个企业的使命和责任，员工也会随之自律起来，每一位员工都明白怎样做是对企业有利的，而且都自觉自愿地这样做，久而久之便形成了一种习惯；再经过一定时间的积淀，习惯成了自然，成了人们头脑里一种牢固的"观念"，而这种"观念"一旦形成，又会反作用于（约束）大家的行为，逐渐以规章制度、道德准则的形式成为众人的"行为规范"。

优秀的企业文化不是响亮的口号，而是持之以恒的实践精神。企业文化中最深奥、最具魅力的内容，无疑是企业核心理念，而企业核心理念是企业价值观的集中表现，是企业的精神支柱和精神推动力，是企业之"魂"。因此，企业核心理念是每个企业在建设优秀企业文化工作中应该着力抓住的关键点，只有这样，才能更好地塑造企业文化。塑造企业核心理念要求企业在经营管理的实践中，培育能表现本企业精神风貌、激励员工奋发向上的群体意识，并以此引导员工树立正确的价值观念，强化职业道德。理念一旦确立，企业的一切行为都必须遵循其核心价值。在企业行为的引导下，员工也会自觉主动地践行企业的核心价值观，自觉自律，规范自己的行为，为企业品牌和形象增光。

第四章 建立企业制度文化：文化行为的养成需要制度的约束

企业制度文化是企业为实现自身目标，对员工的行为给予一定限制的文化，它具有共性和强有力的行为规范性。这种规范性是一种来自员工自身以外的、带有强制性的约束，它规范着企业的每一个人。而正是这种规范，使企业文化的落实更为一致。

① 习惯养成靠制度，以企业制度建设推动企业文化形成

制度建设是企业文化建设的重要组成部分，它不仅仅是企业文化建设的一项内容，更是企业文化建设的重要支撑，在企业文化建设中突出制度建设工作，可以发挥刚性作用与柔性力量，形成合力来约束职工行为。因而企业制度建设是推动企业文化建设的有效手段。

对于企业来说，规章制度就是企业内部的"法律"，创建是基础，执行是保障，不仅要建立完善的制度，更要树立严格按制度办事的思想，真正形成自觉学习制度、执行制度的工作环境。将企业文化建设与制度建设密切结合，使制度建设融入企业文化建设，就是为了在企业内形成"用制度管人，按制度办事"的思想氛围，提高职工自律意识，真正为建立制度、完善制度、执行制度奠定坚实的思想基础和群众基础。"政令畅通、令行禁止"是企业文化的要求，也是制度建设的要求，有制度不执行比没有制度更可怕，这是一种言必行，行必果的执行力文化，也是企业良好习惯养成的基础。

有规矩才有方圆，有制度才有规范，企业发展需要完善的制度来保障，建设企业文化同样需要制度先行，同时也需要制度来保证企业文化的顺利推行。

企业文化只有建立在企业管理制度的基础上，与企业实践活动相结合，才能真正发挥作用。企业管理制度是企业制订的、带有强制性的行为规范，一个企业把自己倡导的理念置于长期的实践活动中并持之以恒，才

第四章　建立企业制度文化：文化行为的养成需要制度的约束

能积淀成一种特定的文化。但要使这种文化成为企业所需要的企业文化，还必须把它制度化，使企业的企业精神、管理理念及员工的价值观等都充分地体现在企业的各项活动中。企业的生命在于管理，管理的核心是文化，培育企业文化，需要企业员工共同实施，形成统一的思想认识和思想行为。企业要采取多样的形式，提高广大员工参与和实施企业文化的积极性、创造性和能动性，从而建立一整套企业的管理体制，并用管理的竞争力推动企业文化在企业中落实。企业要在管理中培育共同的企业价值观，形成团队精神。企业的价值观不是自发形成的，而是在企业管理的实践活动中，通过员工凝聚力和向心力的提升形成的。努力的方向就是通过实践活动形成"自我行为与集体行为结合、企业文化与企业制度并重"的企业价值观理念，引导员工认同团队，在团队中找准自己的位置。

　　从这个方面来说，企业文化几乎与企业制度规章有着相同的作用。很多企业都是企业文化与企业管理制度并存，共同作用于企业中的人，它们互相影响，互相作用。企业管理制度促进企业文化的发展，企业文化又反过来影响和丰富企业管理制度。如何让员工认同公司的文化，并转化为自己的工作行为、形成自律意识、维护企业的形象和利益，是企业文化建设中的关键。企业文化一旦形成，员工的行动就会变成一种自愿的行为，无须监管。故而企业文化可以激发员工的"自律意识"，从而降低管理成本。

　　管理制度是企业制度文化的基础，因为企业文化说到底是为管理服务的，任何文化不能脱离管理的目的，失去制度基础的企业文化建设将使文化精神化、空虚化。同时，企业文化又是理念和思想层次上的管理。通过管理制度规范，企业文化理念才能转化，固化于制，内化于心，外化于行；通过管理制度规范，管理者的管理思想才能以此形式与下属员工沟通和交流，产生凝聚力和向心力，从而实现企业家的精神和抱负；通过管理制度规范，才能规范和培育在市场经济条件下的员工职业精神，提高工作效率，强化职业责任感，实现形神高度统一的员工自觉行动，促进企业管理升级。因此，毋庸置疑，管理制度是企业制度文化中不可或缺的部分。建设企业文化，要以良好的企业制度来推动。

② 完善企业各项制度，有规矩才有方圆

制度的作用是不言而喻的。一个企业没有制度，在某一阶段或许能发展下去，甚至还会发展得很好，但从长远和整体上来看显然是不行的。因为一个没有制度的企业，实际上等于混乱和没有效率。其混乱表现为：彼此职责不清、工作流程混乱、部门协调不力、员工各自为政。这势必会削弱团队的凝聚力，影响团队的工作效率。试问，这样的企业，即使拥有再好的企业文化，能够稳步发展下去吗？

当然不能！

任何一个企业的管理者都不希望自己的企业如昙花一现，而是希望企业更上一层楼。为此，他们不惜投入资金配备最好的设施，聘请优秀的人才，但是，在投入这一切的时候，万万不能忘记了制订企业制度！只有拥有了制度，企业才会像磐石一样稳固。

如果说企业文化是树木，那么完善的企业制度就是滋养万物的土壤。只有肥沃的土壤，才会培育出茂盛的植物；只有健全、完善、合理的企业制度，才能形成规则有效的企业文化。

"老干妈"的创始人陶华碧从没上过学，没什么知识文化，但是她在经营企业的过程中，很早就意识到只靠企业文化来凝聚团队是不行的，必须完善企业的制度，进而用制度来推动企业文

第四章　建立企业制度文化：文化行为的养成需要制度的约束

化。为此，她任命自己的长子李贵山来完善企业的各项制度。

李贵山曾经是一名军人，受军队严格纪律化的管理，养成了按规矩做事的观念。进入"老干妈"管理层后，他首先整章建制，经常把规章制度读给陶华碧听。陶华碧听到重要处时，就会站起来发表评论："这条很重要，要制订得更具体一些。"当她听到不妥之处时，也会立即指出，然后再让李贵山修改……如此反复多次，直到满意为止。

在李贵山的努力下，"老干妈"最终建立了企业制度文化。公司制度宽严并济，奖惩分明，凡事按制度办。自从建立了企业制度文化之后，"老干妈"公司的经营和发展又迈上了新台阶。

"铁打的营盘流水的兵。"用这句话形容企业，再合适不过。尽管企业员工像水一样流动，有不断加入企业的，有陆续离开企业的，但只要公司完善了各项制度，无论员工怎么流动，制度都能对企业文化的推行起到保护作用。反之，如果企业没有成文的制度化管理，那么这一批员工自觉，比较好管理，管理者能带领他们创造良好的效益，下一批员工不自觉，不好管理，企业就可能遭遇危机。

企业制度的建设要从企业的根本性需求出发，并且与企业最本质的目标相联系；企业制度要契合企业经营管理理念并体现企业理念；建设企业制度要满足规范性要求；企业制度建设要不断完善和提高；企业制度建设必须有各级管理者的参与；企业制度建设要靠严格的执行来保证。因而要建立完善的制度体系，加强制度建设的动态化管理。

制度建设是一个复杂、渐进的过程，有些制度在制订之初可能是非常完善的，但也会因时、因势而产生不再符合实际需要的情况。因此要建立完善"管制度的制度"，利用科学的制度评价机制，对每个岗位、每位员工、每个环节执行制度的内容和要求，逐一建立明确的评价标准，使每个员工了解各自所执行制度的内容、要求和关键点，同时也为组织考核员工制度执行情况提供一个可操作性的依据。

想要制订好的管理制度，首先要认识到企业的管理制度和规范不可能千篇一律，也不可能照搬其他企业制度制订公司的管理制度和规范。

其次，不能将"编写文件"简单化，认为建立制度就是编一些文件。其实，编写文件只是最后表达阶段的工作，并不是建立制度的全部，正如项目设计不只是画施工图一样。在将制度写成文件之前还有大量的工作要做：要对公司的目标和战略有清晰的认识，从实际出发，不仅要强调符合性、一致性，还要重视和评价制度执行的有效性；要具体识别和分析业务流程，并进行必要的优化和重新设计；要分析、界定组织中的结构、权责和工作关系，等等。

第三，为了方便阅读和使用，避免制度相互矛盾、脱节或重复，在制度建立之初就应该很好地进行结构设计，根据系统的逻辑和使用习惯合理编排。尽管目前已有了整套的管理制度，但在今后的工作中还要不断地进行增补、修订工作。因此，理解和保持良好的制度文件结构就显得非常重要。这不仅是单纯编制制度文件的需要，也体现了对公司管理系统的理解和把握，只有正确理解各业务流程的相互关系，各部门各岗位角色和关系，才能保证有清晰的管理思路，在实际工作中做到有序、有效。

总而言之，管理制度是企业制度文化的基础，管理制度和规范是在企业文化中酝酿而成的，任何管理制度和规范的制订都不能脱离企业的文化背景。只有在充分进行了这些前期的调查、分析、讨论、设计工作后，表达出来的制度才能真正发挥作用，并达到规范、约束、帮助、激励的目的。只有方方面面都反映自身文化特色和业务特点，企业的管理制度才能为员工所接受和认同，企业才能真正地做大做强，最终实现兴盛、发达和富裕。

企业制度是企业管理的基石，是企业文化的一种外化表现形式，体现着企业的内在精神。除了烙有独特的企业特性外，它还以提供客户价值为前提，规范员工的价值标准和行为方式，满足企业、员工、合作伙伴和客户的多方利益，使各方实现多赢的局面。

所以，制度建设是前提，制度不完善一切都白谈。在企业文化的建设中，即使文化再美好，也无法约束所有的员工。而制度却能起到约束员工的作用，有助于企业文化行为的养成。如果想让企业文化插上腾飞的翅膀，那么就先完善企业的各项制度。

集思广益，让每个员工参与文化制度的制订

完善的企业文化一定少不了员工的智慧和才华，企业的文化积淀更是凝炼着企业员工思想行为的闪光点。它是员工先进思想的升华，是员工的智慧，是员工在各项工作中的真知灼见，正是这些平凡的点点滴滴形成了激发企业蓬勃发展的不竭动力。所以，企业制订制度时务必集思广益，汇聚所有员工的智慧。因为制度的制订需要企业中所有人共同努力，并非仅仅依靠管理者就能够建立全部的制度，好的制度必然是严谨、规范、简洁而适用的。在制度制订的过程中，管理者要通过对实际工作的深入了解，充分征求广大员工的意见，开展针对制度内容的、跨部门的研讨活动，使得制度的制订符合使用环境的要求，能够有效落地和发挥作用。既要注意制度实体建设，又要注重制度程序建设，尤其要在制度细化和程序操作上下功夫。要做到原则性与灵活性、适应性与适度性相结合，充分考虑到以人为本与可操作性。

这就需要企业中的每一个员工尽自己所能，结合自己在一线岗位的实

际工作，给企业制度建设提建议，让企业制度逐步得到完善，形成良好的制度机制，从而更好地促进企业的发展。

让员工参与企业制度建设最主要的意义就是员工最贴近实际岗位工作，最容易在工作中发现企业制度可优化的地方和进行优化的方法。因此，员工要培养自己在工作中发现制度漏洞的意识，从漏洞中总结经验，并将经验融入到制度的制订之中，帮助企业制度得到优化。

有些时候，员工认为企业中有些制度不合理，其实并非因为制度本身与企业需要相违背，而是员工站在了自己的主观角度去片面地看待了制度本身，这是一种误区。制度制订的第一原则是符合企业利益，因此员工就不能仅仅站在员工的角度看待制度，而是要站在企业利益的角度，才能够真正发现企业制度中那些有待优化的地方。所以员工参与制度的制订，一定要培养自己的大局观，要能够在审视企业制度的过程中保持客观的态度，而不是从自身出发，总希望制度符合自己的需求。

企业员工如果仅仅是发现企业制度中的问题并提出来，那么很可能这个问题并不能在短时间内得到解决，或是解决得不到位、不准确。因为问题是发生在工作中的，是实际遇到的，如果员工不提出解决的建议，企业很可能找不到解决问题的方向，从而造成问题解决的滞后。因此，身处一线岗位上的员工，应该不仅仅能发现和提出企业制度中的漏洞，更应该发挥自己的主观能动性去寻求解决问题的方法，向企业传达自己的意见供企业参考。这就要求员工在日常工作中培养自己解决问题的辩证思维能力，要有对企业需求和企业精神核心价值观全面的理解，和对自己岗位的深刻洞悉，从而蕴生出解决问题的方法和建议，帮助企业更好更快地完善制度。

同时，员工要敢于对不合理、不科学的制度提出质疑和建议。因为不合理、不科学的制度一旦确立下来，不仅不会带来管理上的优势，还会阻碍企业的发展。这样的制度必须要在确立之前就撤下来。员工有义务坚决

第四章 建立企业制度文化：文化行为的养成需要制度的约束

服从制度并模范执行，但并不应该盲从。倘若员工明知企业的有些规章制度并不完全符合实际工作和企业核心价值观的需要，却依然不顾一切地遵守，那么只会给企业的发展带来阻碍。所以员工参与企业制度的制订，要懂得辩证地看待企业制度，要敢于提出企业制度中的问题，并且力所能及地寻找完善制度的方法和措施，这样企业制度才能够得到更好优化，企业和员工才能实现共同进步。

要想促使员工参与到制度的制订中来，企业就要建立良好的信息渠道和员工建言方式，鼓励和倡导广大员工积极参与到企业管理中来，引导他们从企业大局的角度来看待企业制度，并且不遗余力地为完善企业管理制度建言献策，从而让企业管理制度越来越完善，越来越有规范，越来越便于执行。

 严格执行制度，制度面前人人平等

制度文化建设的核心，不是制订制度，而是执行制度。因而从某种程度来说，企业的制度文化其实也就是企业的执行文化。因为任何一种制度，只有在实际行动中去遵守、去严格执行，它才能够具有真正的意义。有制度不执行，只是挂在墙上、写在纸上或是说在嘴上，没有任何意义。有令不行、有章不循，按个人意愿行事，只会造成企业管理的无序和内部的混乱，带来无尽的浪费甚至使企业倒闭。所以企业的规章制度就好像企业内部的"法律"，是每个员工必须要去遵守和执行的。只有严格执行制度，制度才有意义。

企业文化建设：从理念意识到行为习惯

　　有一个故事，说七个人曾经住在一起，每天分一大桶粥。
　　可是，粥每天都是不够的。一开始，他们抓阄决定谁来分粥，每天轮一个。于是每周下来，他们只有一天是饱的，就是自己分粥的那一天。后来他们开始推选出一个道德高尚的人出来分粥。然而，强权就会产生腐败，大家开始挖空心思去讨好他，贿赂他，搞得整个小团体乌烟瘴气。然后大家开始组成三人的分粥委员会及四人的评选委员会，互相攻击扯皮下来，粥吃到嘴里全是凉的。最后大家想出来一个方法：轮流分粥，但分粥的人要等其他人都挑完后拿剩下的最后一碗。为了不让自己吃到最少的，每人都尽量分得平均，就算不平，也只能认了。就这样，大家终于快快乐乐，和和气气，日子越过越好。

　　如果不遵守规章制度，那么连分粥如此简单的事情都难以达到预期的效果，更别说企业这样一部运转复杂的大"机器"了。
　　执行制度不打折的关键，就是要怀有人人平等、杜绝特例的执行观念。只有这样，制度才没有被"破例"的可能，制度也才能够得到最大的维护，才能够在每个员工心中都有较高程度的威严。
　　成功的企业和他们的员工都有一个共同的秘诀：拥有一套适合本企业和员工的优良规章管理制度，并让所有人将其上千次地反复执行和坚持。而这种严格的执行和坚持，其背后的有利保障就是制度的公平性。一项制度只有对每个人都是平等的，人人才能发自内心去遵守。因此，作为企业中的一分子，我们每个员工都有义务也有必要去严格执行企业规章制度，维护制度的公平性，让制度文化在企业中得以长盛不衰。

　　一位国王得到了一个纯金打造的巨大鼎炉，决定将它作为王国的国宝，并放在王国的中心供所有人瞻仰。但紧接着他遇到了一个难题：路人总是喜欢随手触摸国宝。这样一来国宝就失去了

第四章　建立企业制度文化：文化行为的养成需要制度的约束

它原有的权威。

这时丞相出了个主意：将金炉烧热，这样就不会有人随意乱摸国宝了。国王按照这主意去做，由于金炉很烫，再也没有人不听劝告乱摸国宝了。而且一年后，即使不把金炉烧热，也没有人去摸了。

企业的管理制度其实就像火炉，其要义是为了给大家提供温暖舒适的环境。但同时，火炉也是危险的，这个危险就在于是不是会碰到它。人人都在火炉安全范围以外的地方活动，就会得到火炉的温暖又不会有危险，而一旦触及火炉，就很有可能被灼伤，这就是制度的惩罚意义——不碰触制度就不会受到惩罚。所以，执行制度时遵循两个原则：即时惩罚原则——当你碰到热炉时，立即就被灼伤；人人平等原则——不管谁碰到热炉，都会被灼伤。

制度面前，人人平等。在建立制度文化的过程中，企业执行制度时如果对一个人开了绿灯，放行了，那么势必还会有第二个人、第三个人……这样就造成了企业所建立的制度文化成了一句口号。这就如同过马路时，只要有一个人不遵守交通规则，交通就会出现混乱。同样的道理，在执行制度文化的过程中，只要有一个人不遵守规章制度，制度文化就如同摆设。

因而，恪守"人人平等"的原则至关重要。对于违反了企业制度的人，不管这个人是管理者，还是下属，企业都应该坚持给予其应得的处罚，要做到"对事不对人"，而不是"看人下菜"。在执行制度的过程中，企业要时刻牢记：制度面前，人人平等。那么应该怎样做，才能保证制度面前人人平等呢？

（1）企业管理者应该做严格执行制度的表率

制度执行与否，领导的率先垂范很关键。企业领导要带头贯彻执行制度，要站在强化公司治理、促进公司科学发展的高度，把贯彻执行制度作为提升管理的关键。合格的领导就是要严格要求自己,严格遵守制度。只有领导带头遵守制度,从自身做起,才能更好地管理和教育员工,员工才会心服口服,从而认同制度的权威性。

>>>>>>>>>>>>>>>>>>>>>>>>>>>>>>>>>>

在联想集团,公司管理者发现总有人喜欢在开会的时候迟到,耽搁大家的时间。为此,公司制订了一项制度:谁开会迟到,将被罚站,无一例外。这个制度执行没有多久,联想集团有一个为公司服务20年的老处长开会迟到,柳传志铁面无私地批评了他,并让他按照公司制度,罚站5分钟。柳传志本人也因为开会迟到罚过站。有一次,公司的电梯坏了,柳传志刚好被困在电梯里,导致他开会迟到了。到达会议室,他并没有向大家说明原由,而是主动地站着开会。

<<<<<<<<<<<<<<<<<<<<<<<<<<<<<<<<<<

所谓"上行下效",领导的示范作用比想象中更大。"楚王好细腰,宫中多饿殍",企业管理者带了一个什么样的头,那么企业的执行情况就会是什么样。故而要做到严格执行,管理者的表率作用绝不可忽视。不管是管理者自己,还是普通的员工,只要违反了制度的规定,就严格按照制度条款执行惩罚,绝不有半分姑息,也不可有半点特例,这样才能真正营造人人平等的氛围。

(2) 制度本身要体现人人平等

要保证企业制度执行时的人人平等,首先当然是制度本身要体现人人平等才行。如果一项制度"先天不足",本身就不能体现"人人平等"的理念,比如在制订制度的时候,企业管理者和一般员工在违反制度时有不同的处罚原则和方式,这本身就已经人为地导致了不平等,又如何在执行的时候保证人人平等呢?这样的制度,还没有执行就会让不同级别的员工在心理上不平衡。这种不平等,还会导致权力等级分化,制度也随之分化,而且这种不平等的制度一旦实行,势必会影响员工的工作积极性,长

第四章 建立企业制度文化：文化行为的养成需要制度的约束

此以往，必然会影响企业的发展前景，企业因此将很难发展壮大。所以，企业想要建立起一流的制度文化，就一定要制订平等的制度，只有这样，制度文化才能让员工信服，员工才会接受。

制度面前，遵循人人平等的原则，就是知道当有人违反制度时该做什么，如何做。不会因为违反制度的人是领导就开绿灯。从而保持理智的头脑，进而实现企业更伟大、更辉煌的目标。

（3）员工要有严格执行制度和人人平等的自觉

作为企业员工中的一员，要想做到时刻严格执行规章制度，维护制度面前人人平等的原则，企业管理者就需要从自身做起，让所有人看到自己严格执行企业所有规章制度的态度，这种态度也会感染周围人，让大家都养成无论是谁都要严格执行企业规章制度的态度。

在有些企业中，之所以会发生企业制度执行不彻底，执行有差异的情况，主要还是因为有些员工因为自己有较强的工作能力或是身处较重要的岗位，于是自恃无须执行所有的规章制度，导致制度的公平性被破坏。

一旦触犯制度，总以为自己会有所不同，总希望自己能有"特殊"，这样的想法是最不利于执行的。作为员工，无论能力如何，也无论居于哪个岗位，都应该明白严格执行企业规章制度是最起码的职业素养与道德操守。而违反规章制度除了要受到企业的惩罚，也会给自己带来巨大隐患。在制度面前，每个人都是渺小的，都应该发自内心去严格执行它，要从内心深处树立起人人平等的理念，让制度执行起来更顺畅。

还有的员工会认为，自己是无意中违反了制度，应另当别论。这样的想法也是不对的，违反了规章制度就必须受惩罚，不管是有意为之还是无心之错。因此，员工也要避免自己在无意间触碰企业规章制度的"红线"。这就要求员工不断提升自己的岗位素养，不断增强自己的岗位知识，将岗位工作需要涉及的规章制度了熟于心，总结在岗位工作中的经验教训，并在工作中时刻保持兢兢业业的工作态度，模范遵守制度。同时大胆抵制身边违反规章制度的行为，维护制度的严格执行和公平执行。当遇到破坏企业规章制度的行为时，要敢于站出来进行制止，也要向企业上级反映情况。

"制度面前，人人平等"，只有恪守这样的规则，才能把制度执行到底。不过这样的道理谁都懂，真正要全面执行下去也是需要付出一定努力的。执行一次两次不难，难的是长期坚持执行。而只有恪守原则，坚决执行，制度文化才会有坚实的基础。

⑤ 赏罚分明，树立制度权威

　　制度一旦确立，就必须保证其权威性和严肃性，维护制度的严肃性是制度执行的根本保证。而赏罚分明，无疑是保证制度权威性的有效方法。

　　孙子认为，"赏罚分明"是决定对垒的两支军队胜败的关键变量之一。战国时的尉缭子也明确指出："赏如日月，信如四时，令如斧钺，制如干将，士卒不用命者，未之闻也。"一个好的制度，最重要的是赏罚分明，赏罚得当。赏一人，如果赏赐得当，可激励百人；罚一人，如果惩罚得当，可以警戒百人。孙武把"法令孰行""赏罚分明"，作为判明胜负的两个重要条件。曹操也说："明君不赏无功之臣，不赏不战之士。"时至今日，"赏罚分明"已经成为决定企业的凝聚力，进而决定企业的执行力，最终决定企业竞争力的重要因素之一。公平的奖惩机制能更好地激发下属的工作热情。因而，企业在制订奖惩制度时要注意以下几点。

第四章 建立企业制度文化：文化行为的养成需要制度的约束

（1）不赏私劳，不罚私怨

不因对私人利益有功而奖赏人，不因对自己有成见或彼此有隔阂而惩罚人。

（2）有功即赏

对按时按量完成既定目标的下属进行奖励。马戏团里的海豚每完成一个动作，就会获得一份自己喜欢的食物，这是驯兽员训练动物的诀窍所在。人也一样，如果企业员工完成某个目标而受到奖励，他在今后就会更加努力地重复这种行为。所以企业应当增加奖励的透明度，比如把每月的工资、奖金等张榜公布；或者对受嘉奖的成员进行公示。这样往往能够激励下属。

（3）奖罚要及时

识别人才，不能只看一时一事，而要看他的全部历史和全部工作，根据人才在各个时期各项工作中的一贯表现，决定对人才的升降使用。这是一种广义上的赏罚。根据下属在这段时间这件工作中的功过，论功行赏，论过处罚，此功不顶那过，那过也不掩此功，只有这样，才能使赏罚真正发挥推动下属前进的作用。

（4）以"罚"为"奖"

在企业中，当员工犯错误时，不只是惩罚，还可变惩罚为奖励，达到激励下属的目的，甚至可以达到单纯奖励所不能达到的效果。

所谓变"罚"为"奖"，隐含着一个心理因素。

在一家糖果商店，同样的商品，一个售货员的柜台前门庭若市，另一位售货员的柜台前门可罗雀。原来前者善于用加法，售货时总是先少放一些，然后再一点一点加够要卖的分量；而另一位则是惯用减法，一下子在秤盘上放上过量的糖果，然后再去一点一点减到要卖的分量。两种卖法对顾客心理产生了两种截然不同的影响，加与减的区别最终产生了多与少的错觉。

如果把这个故事的外延引申到奖惩中来，则是奖励和惩罚的艺术问题。先多后少和先少后多在人的心理上造成的结果是不一样的。先多后少会让人误解为被克扣了，而先少后多会让人的潜意识感到满足。懂得人们这种普遍的心理，会使奖惩的效用发挥到最大化。

> 如某单位一直计划并放出话来年底要给全体成员发放奖金，时值岁末，因为政策变动临时取消了一些福利，于是有些员工开始消极懈怠。为了缓解员工的抵触情绪，减少惩罚涉及的打击面，企业决定先对外公布要精简机构，可能大量组织成员面临被裁的危险。等大家的视线转移到担心自己的工作问题时，领导再出来公布大家都可以留下来继续工作，但奖金等福利措施取消了。于是大家又都兴高采烈了。

这种奖惩的艺术，变惩罚为鼓舞，会让员工在接受惩罚时怀着感激之情，进而达到激励的目的。

(5) 赏罚分明要拔能降庸

赏罚分明体现在职位的安排上，就是要拔能降庸。曹操认为，将士的升迁应以战功为重，不能论资排辈；凡屡建战功而又堪当重任者，就要毫不犹豫地授予重任。公平理论认为，一个人对他的赏罚是否满意不是只看其绝对值，而要进行多方面的考虑。如果奖惩做到了公正合理，下属会感到满意或者服气，从而努力工作；否则就会感到不公平、不合理而影响工作情绪。

但是，实际工作中很多企业未能做到赏罚分明，有的企业只善于奖励，不善于惩罚；有的企业只善于惩罚，不善于奖励。这两种情况都未免有些偏激。一碗水端不平，怎么都容易失衡。所以该赏的一定要赏，该罚的务必要罚，绝不能有半分含糊。

本质上来讲，奖励属于正向激励，惩罚属于负向激励。成功的管理者

第四章 建立企业制度文化：文化行为的养成需要制度的约束

必然是激励机制的自如掌控者。奖励制度是积极的、主动的、带有鼓励性的，是对企业员工优点的肯定和鼓舞，能够持续或渐进式地提高效率和发挥潜力，因此它应该在企业安全生产制度中占有主导地位。适度的惩罚有积极意义，过度惩罚是无效的，滥用惩罚的企业肯定不能长久！惩罚是对员工的否定，一个经常被否定的员工，有再多的工作热情也会荡然无存，即便是仅存的一点责任心也会随之失去，所以惩罚制度仅仅是对奖励制度的补充和辅助，使用时要慎之又慎。

不过处罚一定要记住"度"的问题，"处罚是个宝"，但绝不能用处罚代替一切。要知道处罚不是目的，只是手段。处罚是为了使大家更遵守制度，而绝不是为了针对谁。如果太重处罚，难免会影响制度文化的建设。比如在一些企业，出现了被管理者要看管理者的脸色、情绪行事，情绪不好，小问题很可能会带来大处罚。处罚得心惊胆战、心惊肉跳，这可不是制度的目的，制度不是以处罚为目的的，正如"火炉理论"所言，制度如一炉火，它的意义是为大家提供温暖，而处罚是要提醒你，炉火很烫，会伤到你。你被烫了这一次以后，再也不会被炉火烫了，这才是处罚的意义所在。所以处罚是安全管理的最后一招，是不得已才走的一步，不可随意滥用。

处罚不是目的，而是一种手段。要真正把制度执行到位，保证每一项制度都能起到有效的作用，应当把处罚的手段与说服教育的手段结合起来，保障制度的实施。如果把处罚当成目的，或者不与教育手段相结合，过多、过重地实施处罚，就会使一部分人产生抵触情绪，影响工作局面。

而且在执行制度时也要想到，处罚是最后的一招，是不得已才走的一步，运用处罚要遵守一个原则：能用其他管理方式代替的就不处罚，能用赔偿经济损失的办法解决问题就不要罚款，能扣奖金浮动部分达到效果的就不要动基本工资固定部分，能让他自动离开岗位走人的就不要给他留下被开除的伤痕。制度一旦已经制订出来，就要丁是丁，卯是卯，一点都不含糊，严格按制度执行。

⑥ 自觉维护制度文化，培养遵章守纪好习惯

任何一种制度只有在实际行动中去遵守它，它才能够具有真正的意义。因此，每个员工不仅要对企业的规章制度心存敬畏，更要将它落到实处，在实际工作中自觉遵守制度，绝不越雷池一步。也只有这样，才能够保证自身工作的顺利进行，弘扬企业的制度文化，让企业成为制度严明的高效企业。维护制度权威，建设制度文化需要做到以下五个方面。

第一，要在企业内部形成良好的遵章守纪、按章执行的氛围和环境。特别是企业管理者更需要模范执行制度，要把制度放在利益之前，全力维护制度的权威。管理者对制度的态度直接影响员工对制度的执行。特别是在执行制度和维护企业利益两者之间作出选择的时候，更需要管理者懂得放弃利益，维护制度的权威，作好表率，从而使制度能一以贯之地执行下去。

>>>>>>>>>>>>>>>>>>>>>>>>>>>>>

万科培养人才的制度中，有这样一条：经理人之间的调动是公司培养职业经理人的方式，职员提到主管一级后，需要在集团系统内调动，因为只有这样才能让管理人积累各种环境下的工作经验。而做到一线公司的总经理后，接受外派调动则是基本的前提。

2000年，万科集团再次进行中高层人员调整，对北京、上海、深圳等地方公司的第一把手进行调动。总部拟将北京公司总

第四章 建立企业制度文化：文化行为的养成需要制度的约束

经理与上海公司总经理进行对调。两个分公司的总经理，北京的叫林少洲，上海的叫林汉彬，两人都是万科自己培养的职业经理人，非常优秀，都有几把刷子，而且在各自分公司立下了汗马功劳。

当总部对调的决定传达到北京和上海，遭到了两位总经理的同时抵触。抵触的姿态不大一样，林汉彬不想离开上海，理由是小孩已经安排在上海上学，希望家庭稳定。只要能不离开上海，情愿降职当副总！林少洲则表示，只要调离北京，就考虑辞职。他们的坚决抵触反馈到总部，继续调动还是保持现状成了个问题。当时正是万科快速发展时期，很是缺人。

总部人事部门进行了调查，调查结果是如果坚持对调，估计两人中会有一个离职。面对制度安排和一线总经理抵触的选择题，当时的董事长王石明确表态：宁可总经理流失，也不能让形成的制度流于形式。在这样的决心下，总部发出了调令，结果两个总经理都提出了辞职。

这件事被关注者称之为"二林"事件，很多人都为有经验有能力的"二林"出走可惜。更有媒体认为万科用人之际失去两员大将，质疑制度安排有错，不够人性，太过死板，人走了，投靠了竞争对手，公司不划算。据王石的回忆——岂止损失两员大将？因"二林"出走，从财务到市场营销、工程技术、物业管理，都不可避免地流失了一批专业人员。

事后王石反省过这起事件，但最终他还是说，即使事先知道两位老总会同时辞职，他还是会选择执行制度。

正是因为王石在利益和制度的权威中坚决地选择了制度，万科受到两位经理人同时辞职的影响并不是太大，上海万科和北京万科的业绩都呈继续增长态势，北京的销售额甚至比上一年翻了一倍。这使万科的员工认识到，严格执行制度不仅不会影响公司的经营，还会因为制度严明给企业带来有令必行的全新气象。

第二，要让所有的员工都对制度有敬畏之心。要引导员工把制度当成至高无上的行为准则，当成做任何事情时的底线，绝不触碰，自觉养成遵章守纪的好习惯。要教育员工端正规章制度在自己心中的地位，要把规章制度当作"法律"，而不是遵不遵守随心所欲。要通过对企业规章制度的不断学习，了解规章制度背后的重要意义，做到让制度看守心灵，并作为规范自身行为的尺子，而不仅仅是说在嘴上、挂在墙上、写在纸上。

第三，员工要加强对制度的认识，自觉遵守制度。很多员工之所以不愿意自觉遵守企业规章制度，甚至钻企业规章制度的空子，多半还是心存"抵触情绪"，认为规章制度就是企业为了限制员工自由或是剥削员工的工具。其实规章制度中的相关规定，有一大部分实际上是保证员工利益的。遵守规章制度对于完成工作更有事半功倍的重要作用，更是员工安全和利益保障的前提。因此，员工必须正确看待企业的规章制度，不要把它当作"敌人"，而是要当作帮助自己更好完成岗位任务的"朋友"。只有这样，才有可能发自内心愿意去遵守规章制度，即便在无人监督的情况下也能做到遵守规章制度，养成良好的遵章守纪的习惯。同时，我们还要经常以以往的经验教训警示自己，时刻提醒自己违反企业规章制度的后果，把规章制度在心中当作"法律"，绝不去越雷池一步。

第四，要把规章制度的执行落实到每一项工作中，哪怕再细微之处，也做到绝不违反。有些时候，有的员工之所以明知规章制度不可违反，还是以身犯险，就是认为在一些细微的小事上违反规章制度也不能产生什么严重的后果，在小事上不把规章制度当一回事。其实这样的想法是非常危险的，大的问题都是由小的问题积累而产生的，在小事上违反企业的规章制度，将来很可能就会在重大的工作中犯错误，导致严重的后果。在小事上不重视企业规章制度，会让我们养成不遵守制度的坏习惯，这种习惯一旦养成，我们就会不受控制地去违反各种规章制度，最终导致难以预料的

第四章　建立企业制度文化：文化行为的养成需要制度的约束

后果。

第五，要持之以恒地恪守制度，培养遵章守纪的习惯。遵守规章制度就是要始终贯彻执行的工作原则。有的员工可能一开始还能对制度严格遵守，但是在岗位上工作时间久了，对遵守规章制度产生了懈怠。一方面由于自己的工作能力增强，认为自己有违反规章制度也不引发后果的"资本"；另一方面认为有些规章制度是"多此一举"，根本在实际工作中没有意义。一旦有了这样的想法，那么我们曾经严格遵守企业规章制度的努力也就全部没有了意义。只有持之以恒坚持遵守企业的各项制度，才能够始终受到制度的保护，也才能够在工作中排除诸多隐患，让自己在未来的路上走得更加平稳。

没有铁的纪律，部队不可能打胜仗，没有严格的规章制度，企业也同样不能长久发展下去。如果每一个员工都能严格地按照公司的规矩做事，老员工就会自觉遵守制度，并以好的形象带动新员工也养成守纪习惯，那么在企业内并形成浓厚的制度文化氛围，遵章守纪的习惯也就会全面形成。当习惯成自然，企业管理规章制度的执行也就畅通无阻了。

第五章 建设企业行为文化,培养良好的日常行为习惯

企业行为文化即企业在经营管理、日常工作及人际关系等活动中表现出来的特色和风采。企业行为文化能清晰地反映出企业的经营作风、价值观念、员工素质和工作习惯等文化特征。有着优秀行为文化的企业,日常工作中就会自然而然地表现出代表着企业文化内涵的行为,并以此展示和提升企业的形象。

① 制订礼仪规范，日常行为礼貌第一

企业的礼仪规范，是指企业员工日常工作和生活的基本行为规范的总和，也是一种日常工作的固定模式，如处理公共关系的方式、信息沟通关系、仪式和典礼、同事相处、客户接待等方面的规范，这些都是企业礼仪的具体表现。它象征着企业的价值观和道德要求，塑造着企业形象，使员工在礼仪文化的氛围中受到熏陶，自觉调整个人行为，增强为企业目标献身的意识。

礼仪，就是人与人交往和相处的基本规范。我国对礼仪的记载可追溯到上古时代，《诗·小雅·楚茨》："献酬交错，礼仪卒度。"到了周朝，《周礼·春官·肆师》中有记载："凡国之大事，治其礼仪，以佐宗伯。"待至汉代，《史记·礼书》中有记载："至秦有天下，悉内六国礼仪，采择其善。"之后关于礼仪的记载也数不胜数，由此，我国历来都被称为"礼仪之邦"。

礼仪包含"礼"和"仪"两种形式，"礼"是本质，礼者，敬人也，要知礼、懂礼、讲理，要示人以尊重。"仪"即仪式，就是表现形式。通常我们在人际交往中所提到的礼仪，是以一定的约定俗成的程序、方式来表现的律己、敬人的过程，涉及仪表、穿着、交往、沟通、语言、情商等内容。

在企业内，员工之间、员工与客户之间、上司和下属之间，都需要不同的礼仪标准来约束和规范日常行为，使大家相处更友好、融洽。故而制

第五章　建设企业行为文化，培养良好的日常行为习惯

订企业的礼仪规范是非常必要的，是企业行为文化的基础之一。

良好的礼仪规范能有效地改善企业内的气氛和环境，使企业更加融洽、和谐。因而企业礼仪对于企业文化的构建作用明显，主要表现为以下几个方面。

(1) 可以有效促进企业内部的价值认同

企业按照一定的礼仪，把企业中的某些生活戏剧化、固定化、程式化，从而使参与礼仪活动的员工，在感受企业文化意识氛围的同时，充当起意识中的一个角色。企业礼仪使企业价值观的传播具有了生动活泼的形式，使那些抽象的、口号式的企业文化语言变成了生动、具体的行为，成为了一种形象化的表达，变得可视可解，有利于员工对企业文化的认识、理解和支持，在日常工作中也会积极去体现。这就进一步使得企业的价值观逐渐向个人的价值观转化，对广大员工的心理和行为产生潜移默化的作用。

(2) 可以教化员工

文化仪式活动是企业文化的一个重要因素，许多文化观念，正是通过各种文化仪式活动才得以体现。仪式一直是一种重要的教育手段，如我国古代官学中，为了劝化不上进的受教育者，要举行乡饮酒礼。在这种仪式上，老年人按不同年龄层次受到不同礼遇，通过它来向后进者揭示社会伦理秩序与文化价值取向，使人依从，有所改进，成为社会需要的人。正如美国前总统杜鲁门所言："一个人不生活在创造品格的基本道德体系中就不可能有品格。"

(3) 可以培育情感

在一种或庄严、或欢乐、或热烈、或随和的企业礼仪氛围中，员工可以获得一种心理体验，使其在思想情感上得到陶冶，并为仪式的庄重情景而信服，逐渐地使员工感受到企业大家庭的存在，和自己工作生活在这一大家庭中的快乐和自豪，从而产生一种强烈的认同感、使命感、自豪感和

归属感。通过这种文化的角色体验，员工能够发现自己角色的重要性，感受到自己是企业大家庭中的一员，企业的发展有自己的贡献和力量，从而可以提高员工的工作热情和对企业的深厚情感。

(4) 可以规范企业员工的行为

企业礼仪作为一种行为规范，对企业员工的行为具有很强的约束作用。礼仪一经制订和推行，久而久之，便可成为企业的习俗和规范。每一个生活在特定文化环境中或者习俗规范下的人，都自觉或不自觉地受到大家共同遵守的礼仪的约束；如果有人强行不接受礼仪的约束，那么就会被视为"另类"，难以融进大家的圈子。故而在同样环境下的人们都会遵从共同的礼仪规范，并乐于被约束。礼仪不是一种硬约束，但它对人们行为方式的影响是很深远的。礼仪、礼节在企业管理活动中的秩序建构作用是显而易见的。

(5) 可以塑造企业和员工形象

从某种意义上讲，现代市场竞争是一种形象竞争，现代经济越来越像形象经济。影响企业树立良好的社会形象的因素很多，但其中高素质的员工队伍无疑是至关重要的。事实上，企业礼仪能够培养人的品格，使人逐渐变得有修养。正因为企业礼仪所具有的作用，使它的策划、设计和习俗化成为了企业文化建设的一项基础工程。无疑，企业礼仪是员工素质、素养的外在体现，更是企业形象的具体化展现。如果一个企业里所有的员工在日常生活和工作中都以礼貌为先，待人处世处处彬彬有礼，无疑会树立起良好的企业形象。所以企业礼仪已经越来越成为企业的形象名片。

正是因为企业礼仪有如此多的作用，故而企业一般都会制订自己的礼仪规范，要求员工全面遵守。这些礼仪规范包括交际礼仪、工作礼仪、服饰礼仪、语言礼仪、行为礼仪等。

企业是一个从事经济活动的主体，作为社会组织，其内部与外部都有着大量的人际交往。因此，交际礼仪就成为传播企业文化、体现企业素质的重要形式。人际交往的礼仪很多，也很烦琐，主要包括介绍和被介绍、称呼与被称呼、交谈用语、座位安排、说话时的姿态、肢体语言、禁忌用语、服饰、互换名片、站姿坐姿、握手与挥手、节日问候等。就会面来说，就有微笑礼、握手礼、拱手礼、鞠躬礼、颔首礼、招手礼、合掌礼、拥抱礼、注目礼等分别。大凡优异的企业在这些基本交际礼仪上都表现得非常出色，体现了公司的文明程度和文化素养，也体现了企业文化的基本形态。

总之，企业礼仪规范是行为文化的重要内容，也是行为文化的基础。企业要制订和完善礼仪标准，规范员工的行为，在企业中营造更和谐的氛围。

  统一形象规范，员工形象是企业文化的信使

企业形象是企业最有价值的无形资产，而企业形象是通过企业的管理者、职员、销售人员、客户服务人员等人直接反映出来的。企业中的人比公司的网络、企业标语口号更具有说服力。不仅仅是厂长或是经理，任何一个员工代表的，都是一个企业的形象。"每位员工都是企业形象的代言人"，不管是谁，不管你身处什么职位做着什么样的工作，一旦你加入了某个集体，你们的命运就紧密地拧在了一起，集体的兴衰荣辱也就是你的兴衰荣辱，你的一举一动，无形之中成为了企业的一举一动。所以，对员工形象作统一的规范，有利于营造良好的企业形象。

员工形象是指企业员工的技术素质、文化水平、职业道德、精神风貌和仪表装束给社会的整体印象。企业员工良好的职业形象和商务礼仪是维护企业形象的关键，只有通过严格、系统的专业礼仪训练，才能使员工在仪容、仪表、姿态、语言、表情、沟通等方面发生变化，从而提升企业的整体形象。影响员工形象，进而影响企业文化的因素主要有以下几个方面。

第一，员工行为。一个员工如果语言粗俗，举止不文明，人们会认为组织对其教育失当，会将他跟整个组织联系在一起，从而影响组织的员工形象甚至整体组织形象。接线员的一声呵斥，借贷人员的一张冷脸，营业员的一场争吵，申诉信的延搁，维修人员的失职等都会给整个企业形象带来严重危害。

第二，员工素质。员工的文化程度、道德修养、思想政治水平、勤劳敬业的程度、劳动技能的熟练程度、对组织的关心和热爱程度等都体现出员工素质的高低，它通常是公众评价员工形象的主要方面之一。一个高素质的组织，必然为良好的组织员工形象打下坚实基础。

第三，员工凝聚力。员工间的凝聚力和向心力通常是评价员工形象的重要指标，如果一个组织的员工之间缺乏凝聚力，彼此人际不和谐、缺少必要的沟通氛围，那么人气就会大受影响。在公众心目中，这样的组织是不可能有发展前途的。特别是在组织处于困难时期，如果员工凝聚力不足，组织很快就会松散掉。

仪容仪表也是员工形象展现的首要途径，同时它也是传递企业形象的重要渠道。规范而又极富内涵的员工形象不仅有利于营造和谐的工作氛围，更是一个企业内在风范的表现。根据人际吸引的原则，一个人风度翩翩，俊逸潇洒，能产生使人乐于交往的魅力；不修边幅、肮脏、邋遢的人不会吸引他人太多的注意力。而衬衫领子污黑，皮鞋沾着泥点，西服污迹斑斑，头发蓬乱，指甲里满是污垢，这个样子出现在公共场合是缺乏修养的表现，会失去自身的尊严。任何人对这种满身不清洁的人都不会信任。

第五章 建设企业行为文化，培养良好的日常行为习惯

有一位参加演讲的男士，他不修边幅，穿着一条宽宽松松的裤子，变了形的外衣，胡子和头发像乱草。

这个人的演讲本来很有水平，可他并没有赢得观众的掌声，因为他的形象给了观众这样的印象：这位演讲者的思维跟他的外表一样，也是乱七八糟的。一旦这种印象形成了，即使他以后再努力，即使他的演讲内容再好，也很难取得成功。

正是因为仪表形象对工作效果的影响至关重要，美国许多大公司对所属雇员的装扮和外在形象都有严格的规定。如有的公司对工作时的着装要求是这样的：男员工穿西装，系领带，夏季穿衬衫，系领带；女员工在日均15℃以上穿裙装；在规定的场合必须端正佩戴工作挂牌；不得穿司服以外的牛仔装、T恤衫、无领袖等服装。随意着装在现代商务礼仪中是不允许的，也是有损企业形象的行为，必须严格按照规范来做，才能不失礼仪，不损形象。

一般来说，统一形象规范需要注意以下几个方面。

(1) 着装规范

着装，在一定程度上体现着一个人的教养与素质。在工作中，员工的服饰应当合乎其身份。注重服饰美，便是工作礼仪对公司员工服饰所做的具体规范。员工在工作中所选择的服饰，一定要合乎自己的身份，以庄重大方，整洁素雅为宜。在讲究美观的同时，员工在选择服饰时也不应对雅致有所偏废。应注意避免以下五忌：一忌过分炫耀；二忌过分透视；三忌过分裸露；四忌过分紧身；五忌过分短小。同时服饰要保持整洁，忌肮脏、忌残破、忌折皱、忌乱穿。

大多数企业要求员工即使不穿工作服，也不可以在工作时间穿牛仔服、运动服和无领、无袖上装及迷你装、超短裙或短裤等休闲服装；不穿皮鞋以外的运动鞋、露脚趾鞋、旅游鞋、布鞋、休闲鞋，更不光脚穿鞋；

不穿"白袜配黑鞋""穿裙露袜边",以及不在办公场所穿"黑色皮裙"等服装;不穿吊带裙、吊带衫等过于暴露的服装等。

上班的时候,着装一定要庄重保守,最适合三类服装:第一类是制服,它具有企业识别功能。企业形象可识别系统由三个要素构成,企业理念识别、企业行为识别、企业视觉可识别系统。第二类是套装,男士首选西装套装,女士首选西装套裙,天气很热怎么办?很热的话允许有第三个选择,男士可以选长裤配长袖衬衫,女士可以穿长裙配其他服装。商务交往中最不能穿的就是时装和便装。

(2) 仪表仪容形象规范

员工仪表要求整洁清爽。发型不能怪异,头发要干净整齐、无头皮屑。男员工留发不过耳、不留披肩发、剃光头及怪异发型;不留胡须;女性员工长发提倡"束起",尽量不要披散,严禁留各种怪异发型。手与指甲保持洁净,指甲内不得有污垢;不得留长指甲,不得涂艳丽的指甲油,涂色指甲应颜色淡雅并保持完整,不得有剥落现象出现。女性员工上班提倡画淡妆,不可浓妆。

站要挺拔,直立时做到中心在两脚之间,脚尖向外打开45°左右。双手自然下垂或在体前相握。上半身挺胸收腹,背挺直。脖颈尽量向上拔,腰部也要尽量向上拔起来。不要仰脸,下颌部微收,引颈向上时不要耸肩,肩部放松,双肩平齐、舒展,精神饱满,寻找两手提重物向下坠的感觉。

行姿要平稳、轻快,身体不宜左右摇晃;遇到上司、客人、同事要行点头礼,并稍有让路,以示敬意;陪同上司和客人走路时,要稍后退,以示谦恭;进入他人办公室要先敲门,得到允许方可进入。

坐姿端正,在较正式的场合,要求坐时上身端正挺直,不可以把腿、脚伸直半躺半坐。坐时保持背部挺直,无论坐的是椅子还是沙发,要求都要保持浅坐姿式;男性两膝间要容得下一拳左右的位置或双膝与肩等宽。

第五章 建设企业行为文化，培养良好的日常行为习惯

女性两膝则要求并拢，也可采取两腿交叉姿态。双膝不得向两旁打开而坐，坐的身体位置可稍有偏斜，与人正面对坐时不要正襟危坐，要侧坐。严禁跨骑椅子的坐势习惯，严禁趴、伏、靠在桌子上，严禁仰、斜倚在椅子上，严禁将脚放在桌子上。

(3) 日常工作行为规范

员工的言行代表着公司的形象，因而讲究礼仪十分重要。办公场所应始终保持整齐与清洁，办公时宜使用礼貌公务规范用语，在友善、和谐、职业化的气氛下与他人进行交谈。说话应简明扼要，办事以效率和业绩为先。

在楼梯、走廊、电梯或办公场地等公共场所，见到领导或同事应主动、热情适度地问候；"被问候者"应在第一时间给予礼貌的回应。具体要双眼含笑地注视对方并以诚恳的态度清晰地问候"你好"或"您好"；"被问候者"无论何种身份均应快速地以点头并伴随着"你好"或"您好"的愉悦声音给予反馈；若与三人以上的领导或同事见面，问候和致意的顺序是："先女后男"，先长辈后晚辈，以显示礼节。

公务介绍时应遵循"位高者先知"的原则，即先介绍职位、身份较低的一方，再介绍职位、身份较高的一方。应先介绍主人，后介绍客人；先介绍晚辈，后介绍长辈；先介绍个人，后介绍集体；先介绍男士，后介绍女士。介绍双方的主要内容应基本对称，严禁对其中一方不厌其详，而对另一方轻描淡写，此种行为属严重失礼。

交换名片时要事先将名片放在适当的地方以便随时取用，外事交往中，一般不宜向人索要名片；在递送本人名片时，应面带微笑，用右手或双手执名片，使名片正面朝着对方，以齐胸的高度，不紧不慢地递送过去，同时可以说明"请多关照""今后常联系"等。在接受他人名片时，若对方站立，接受者也应起身，双手或以右手郑重地接过对方的名片，并口中称谢。然后，应将对方的名片浏览一遍，有时需要小声读出。最后，

应将名片仔细地收藏在"名片夹或上衣口袋"内。

若以左手接名片，或接过名片不看而且随手乱放，以及接过他人名片却并不交换自己的名片，都是非常失礼的。在自己没有名片时，可以婉言"对不起，我的名片刚用完"或"抱歉，今天没有带名片"等。规范的名片交换是公司对每一位员工的行为要求。

公务交谈时，言辞要文明礼貌。语言文明，主要是要求员工在选择、使用语言时，要文明当先，以体现出自身良好的文化修养。语言礼貌，是员工在日常交谈中主动使用约定俗成的礼貌用语，以示对交往对象的尊重友好之意。说话时一般应讲普通话，多用雅语、敬语和谦语，语气要委婉。多说"你好""谢谢""请""抱歉""对不起"等。

在办公室要保持肃静，讲话不宜高声，吐字要清晰，用语要文雅；办公交谈音量以不影响他人工作为宜，谈话时应专注和蔼，不宜东张西望，更不应心不在焉；与人交谈时不可边说话边打哈欠或显出不耐烦的表情或举动。对于未预约的来访客人（无论公司内或外），若不能接待或接待中途有急事需离开时，要诚恳道歉，使用"对不起，目前确实无时间接待您，是否可另约时间或请稍等"之类的礼貌用语；并简要说明原因，如确实无法接待，可相约下次面谈时间；若无特殊原因，约会的客人（无论公司内或外）必须接待；否则，需提前做出妥当安排；接待客户若超过三人，不得聚集在办公区，应提前预约会议室，或到指定会谈区洽谈；称呼对方应语音清晰、音量适度，以职务、先生、女士、小姐、老师、师傅、名字等相称，不得称呼绰号；工作交接清楚明了，便条留言简明扼要，指导或领导员工工作宜耐心，不得心浮气躁，言不由衷。

除了着装和基本的交往礼仪，员工的语言也要文明规范、谦逊文雅、诚恳亲切、称呼恰当、热情大方、声音大小适当。听客户讲话时应温文有礼，不要在客户面前谈公司内部的事，这些都是一个优秀的职场人士的基本素养，也是个人职业形象的重要方面。

员工是企业形象的主体，是企业文化的信使。每个企业的活动，都离不开员工的参与。员工形象是企业形象的能动力量，并直接作用于企业凝聚力的强化以及员工忠诚度的提高。

总而言之，市场竞争下，企业文化的竞争表现得日益突出，塑造良好的企业形象已经成了企业走向成功的必然选择。员工形象作为企业的核心形象、作为企业最宝贵的无形资产，是塑造企业形象的中心工作。必须将其放在重要位置，大张旗鼓地推开，坚持不懈地抓紧。

 强化工作规范，倡导标准化作业

工作规范又称岗位规范或任职资格，是指任职者要胜任该项工作必须具备的资格与条件。工作规范说明了一项工作对任职者在教育程度、工作经验、知识、技能、体能和个性特征方面的最低要求。工作规范是工作说明书的重要组成部分，是对组织中各类岗位某一专项事物或某类员工劳动行为、素质要求等所作的统一规定。

工作规范涉及内容多，覆盖范围广，大致包括以下几个方面。

（1）岗位守则

即企业依法制订的、要求员工在劳动过程中必须遵守的各种行为规范。一是时间规则。是对作息时间、考勤办法、请假程序、交接要求等方面所做的规定；二是组织规则。是企业单位对各个职能、业务部门以及各层组织机构的权责关系，指挥命令系统，所受监督和所施监督，保守组织机密等项内容所做的规定。三是岗位规则，亦称岗位劳动规范，是对岗位的职责、劳动任务、劳动手段和工作对象的特点，操作程序，职业道德等所做的各种具体要求。包括岗位名称、技术要求、上岗标准等具体内容。四是协作规则。是企业单位对各个工种、工序、岗位之间的关系，上下级之间的连接配合等方面所做的规定。五是行为规则。是对员工的行为举止、工作用语、着装、礼貌礼节等所做的规定。这些规则的制订和贯彻执行，将有利于维护企业正常的生产、工作秩序，监督劳动者严格按照统一的规则和要求履行自己的劳动义务，按时保质保量地完成本岗位的工作任务。

（2）定员定额标准

即对企业劳动定员定额的制订、贯彻执行、统一分析、以及修订等各个环节所作的统一规定。包括编制定员标准、各类岗位人员标准、时间定额标准、产量定额标准或双重定额标准等。

（3）岗位培训规范

即根据岗位的性质、特点和任务要求，对本岗位员工的职业技能培训与开发所作的具体规定。

（4）岗位工作规范

即在岗位系统分析的基础上，对某类岗位员工任职资格以及知识水平、工作经验、文化程度、专业技能、心理品质、胜任能力等方面素质要求所作的统一规定。

>>>>>>>>>>>>>>>>

　　日本著名企业7-ELEVEn连琐超市对岗位工作规范有很好的示范作用。7-ELEVEn对员工行为的规范化管理，形成了制度化、书面化的流程。例如，对于所有店员的活动，7-ELEVEn制订了每天的工作计划表。通过这个表，员工能清楚地知道自己在什么时候、应当做什么样的事情。甚至在这个表中还有"空闲时做其他事""下班后到车站周围走走看看""把东西放回原来的地方""空闲时不要窃窃私语"等各种指示。

第五章 建设企业行为文化，培养良好的日常行为习惯

清扫是7-ELEVEn对员工最细致的要求。企业规定，各店铺的店员每天清扫工作的内容有：店内地板的清扫、店门口的清扫、停车场的清扫、电灯的擦拭、厕所的清扫、复印机的擦拭、招牌的擦拭、柜台周围的清扫、垃圾袋的更换、垃圾箱的清扫、食品柜台的冲洗、店内设备的擦拭、公用电话的擦拭等，每项一天必须进行数次。

7-ELEVEn不仅对清扫的内容有规定，而且对员工在各项清扫活动中用什么样的工具、什么样的洗涤品、以什么方式清扫以及清扫的顺序都规定得非常详细。例如对店内地板的清扫，7-11规定：必须先用拖把、再用抹布和清洗上光机清扫。清扫的时间在任务计划表上标明，一般上午11点用拖把清扫，然后用湿抹布擦拭。此后，下午2点半、5点、9点、11点、凌晨2点、早上6点，一昼夜共拖7次地。其中要用浸湿的抹布擦拭4次，每天用清洗上光机清扫2次，一次是下午2点半，另一次是凌晨2点半，而且用机器清扫后，必须用拖把再拖一次。当然，这个计划不是固定的，如果碰到雨天或下雪天，清扫的次数会更频繁。

在员工的行为规范中，还有一项流程规范，即结算时的待客行为。结算时的待客行为也有一个检查表，该检查表中规定：顾客结算时，必须高喊"欢迎您"；面对顾客时，同事之间不能窃窃私语；面对认识的顾客不能随意聊天；要清楚地告诉顾客每件商品的名称、价格，同时结账；确认顾客预交款，未完全算完账前，不能把预交款放进收款机；在顾客购买盒饭或食品时，要问一句"需要加热吗？"；必须给顾客收条；顾客等待时，一定要说"让您久等了"；只有一个人结账，而有很多顾客等待结账时，要向同事高喊"请给顾客结账"；当很多顾客在另一处等待结账时，要说"请到这边结账"；加热后的商品必须手持交给顾客，以保

证商品是温的。

对顾客的寒暄用语也是员工行为规范的重要内容。7-ELEVEn规定店员用的寒暄用语一般有5种标准形式，除了"欢迎您"和"非常感谢"外，还有"是，知道了""请稍稍等一会儿""非常抱歉"等三句。

在7-ELEVEn的员工规范中，还有一项支配、规范员工言行的经营理念，那就是人心增值论。该理念认为，世上的东西大多用的时间越长，其价值就越小，对员工的运用也是如此。唯有一种东西的价值不会因时间流逝而减少，反而能增值、愈久弥坚，这就是"人心"。所以，7-ELEVEn有一套培养、维系顾客人心的经营体系。

优秀企业都有自己的工作规范，以使企业的工作更加标准化和规范化。因为只有规范标准的日常行为，才能促进员工更好、更完美地做好工作。而完美地做好工作，正是一个优秀员工的最为基本的素质。

要想标准运行良好，要想标准能真正地促成企业的管理规范化、制度化，执行是最关键的。企业标准化工作是一项系统工程，涉及多个部门和环节，是需要不断改进和完善、呈螺旋式上升的工作，是夯实基础、加强内部管理的基本方法。无论是对企业的最高管理者，还是企业的中层管理者，甚至是普通员工，都应当遵守企业规范，开展标准化工作，从而提升企业效率。

第五章 建设企业行为文化，培养良好的日常行为习惯

④ 重视会议规范，提高会议效率

会议费时费力费钱物，一些无效的会议更是会给管理者带来麻烦，使企业陷入"文山会海"的困境不能自拔。但不可否认，会议又极其重要。它是促使管理更有效的必备工具，是增强团队凝聚力的重要手段，也是头脑风暴碰撞火花的有效手段。群体交流远比个体交流更易碰撞出灵感与创意。有效的会议能促进企业的经营管理和建设，使企业中的每个成员都能高效率地达到既定目标。同时，会议也是员工之间沟通交流、加强团结、增强凝聚力的重要手段。因此，如何开好会议，如何通过会议有效提高工作效率，达到增强凝聚力，促进员工高效执行的有效工具，成为许多企业研究的问题。许多企业也开始对会议进行必要的规范，以期用最小的会议成本取得最大的效益。

所以，企业在召开会议的时候，不妨扪心自问：是否因为无效的会议浪费了很多时间？是否因为会议的形式和内容过于单调而发愁？是否因为疏于管理而未达到会议的预期效果？员工是否因为会议的枯燥冗长而心生抱怨？会议的流程是否规范？

说到底，会议的作用是为了解决问题、推动执行、促进团结，增强凝聚力。要达到这样的目的，就必须有规范的会议流程、严格的会议纪律和精当的会议安排。就必须控制会议时长，规范会议议程，使企业会议管理科学化，从根本上消除"会海"，保证企业的高效运转，也节约会议的费用支出，减少会议的时间浪费。因此，制订会议规范非常重要。

(1) 会前准备规范

会议是需要精心准备的，即便是紧急召开的临时会议，也是如此。企业应当制订会议标准流程，并做好一切准备。如准备会议备忘录，并提前发放给与会者，好让他们提前准备。如果讨论的内容是报告或是建议书，则应该附在备忘录的后边，一并提交给与会者。备忘录的内容应该至少包括：会议的议题、讨论的要点、要形成的结果、参会人员（如果他们相互之间不熟悉，应该附上简历）、会议时间以及会议预计召开多长时间等。会议硬件工具的准备，如白板或大白纸、笔、投影设备（如果需要）、录音设备（如果可以）、扩音设备（如果需要）等。如果可以选择，会议室的空间应该比参会人数所需空间稍小一点，拥挤的空间容易让人产生兴奋感，从而促进踊跃发言。对于5~30人的会议，座位的摆设应以圆形或半圆形为主。参会人员应该是此次会议的相关者，此次会议结果可能的落实者，同时视情况邀请会议议题相关的专家。

(2) 会议目标规范

会议要讨论什么以及要达到什么结果，要明确具体。会议组织者只需要让每一位与会者清楚地记着会议的目标，以及在讨论过程中，时刻围绕目标而进行讨论。许多会议失败就是因为没有明确的会议目标，或者在讨论中跑到了别的主题。这就要求会议组织者时刻将跑题的人员拉回到会议讨论的主题上，也要求与会者清醒地记住会议的目标。如果开会跑题的问题比较严重，则组织者在会议一开始，就将会议目标写在白板的醒目位置，并郑重提醒与会者牢记会议目标。此外，会议目标应该是尽可能具体的表述，而非模棱两可的陈述。如果必要，可以在会前向与会者详细解释会议目标的内容。如果与会人员不明白目标的准确指向，就自然会发生跑题的现象。

(3) 会议角色规范

会议通常有三种角色：主席（会议组织者）、记录员、参与者。会议

第五章 建设企业行为文化,培养良好的日常行为习惯

主席是会议的组织者,通常他应该和会议的召开者不是同一人。企业会议召开者通常是该次会议参与者中职位最高的人,如果他同时充当会议主席,则一方面会导致本身精力的分散,另一方面会压制其他参会人员的发言。

会议主席的最主要职责就是保证会议按照预定的方向和进程进行,因而会议主席要不断通过各种明示或暗示告诉与会人员会议的目标或讨论的主题。当有人偏离会议主题,应及时予以制止。对于那些喋喋不休的人员,应该礼貌但坚决地打断他的谈话,然后将更多说话的机会让给内向的人员。会议主席同时要保证与会人员在发言时不会受到其他参会人员的攻击。当与会者相互攻击时,应加以制止,并再次声明会议的目标是解决问题,而非争论。大家坐在一起是为了寻求双赢方案,而不是被动接受非赢即输的结果。另外要注意在会议讨论时保持中立的立场。在会议过程中始终牢记自己的中立身份,不参与任何意见到具体的讨论中,也不表现出对某些人的偏好,从而获得与会者的信任。

(4) 会议时间规范

会议应该选在与会人员有充分时间和精力的时段,而那些使与会人员没有心思参会的时间,显然就不是理想的会议时间,如快要吃饭前、周末或是周一等(这些时间是目前大多数企业开会的主要时间)。吃饭前,与会人员饥肠辘辘、渴望早点吃饭,或是满脑子想的是吃什么;周末,与会人员会思考如何度过周末、如何参加早已约好的聚会或约会;周一,与会人员还没有从周末活动的兴奋中清醒过来,或是周末的事物还没有处理完毕。因此上述三个时间都不是理想的开会时间,除此之外,其他的时间都可以考虑作为会议时间。尤其是周四,被认为是最佳的讨论问题的时间。心理学家曾经做过试验,发现周四讨论问题更容易达成一致。同时会议应该严格遵守时间限制,比如说一个半小时结束,就应该控制在一个半小时之内,否则会让与会者产生会议没有终点的心理,因此讨论问题也会由于

失去了时间的压力而变得不积极，而以后会议中，他们也会对会议时间限制置之不理，很难遵守了。

（5）会议总结与跟踪规范

会议结束时，由会议主席总结会议成果，尤其要在会上明确，会议达成的结果分别由哪些部门或个人负责落实解决。会议结束后，由记录员整理会议记录，并将会议记录发给与会者。会议的最高管理者，或是此次会议的发起者负责跟踪会议结果的落实情况。

作为现代管理最重要的沟通方式，会议的成败影响着企业决策的效率、执行的效率以及整个企业文化的健康发展。制订好会议规范，保证每一次会议时都按照规范展开，会议效率将会大大提高。

⑤ 公共场合行为规范，时刻维护企业形象

企业形象，其实很多时候从细节上就能看出来。企业形象并不是一个抽象的概念，它体现在企业运作的各个方面，比如有目的的宣传、以提高企业形象与影响力而开展的公关活动、统一的公司CI（企业识别系统）、员工的精神面貌以及企业在社会、市场和行业内的口碑等。除了这些视觉可见的有形物，更重要的是企业全体从上到下统一的形象、一致的心理和规范的行为。很多时候，了解一个企业，不是从宏观的名气、规模和利润上来看，而是从细节上来看的。

>>

国内有一个生产医疗设备的厂家，准备和国外客商签约长期合作。在双方的业务洽谈中，厂长通晓生产线行情，考虑问题缜

第五章　建设企业行为文化，培养良好的日常行为习惯

密，给外商留下了精明能干的良好印象。双方决定第二天正式签约。由于时间尚充裕，厂长请外商到车间参观。车间秩序井然，外商也感到满意。不料，就在这时，厂长突然感到喉咙不适，本能地咳了一声，到车间的墙角吐了一口痰，然后连忙用鞋擦去，地上留下一片痰迹。这件事，中方没有谁在意。

第二天一早，翻译送来了外商写来的一封信，信中写道："尊敬的厂长先生，我十分佩服您的才智和精明，但是您在车间里吐痰的一幕使我彻夜难眠。恕我直言，一个厂长的卫生习惯可以反映一个工厂的管理素质。况且，我们今后将生产的是用于治病的输液管。贵国的成语说得好：人命关天！请原谅我的不辞而别。否则，上帝会惩罚我的……"

窥斑见豹，一叶知秋，从一滴水中就可以看到太阳所有的光辉，从一个细节也可以看出一个企业的整体形象。如果不能够展示高度职业化的形象，就等于向客户宣告："我们不能够满足你们对质量和服务的要求，我们没有高度的职业素质，我们不在乎你的满意度，我们的产品和服务都不可靠，你们可以付低价。"特别是在公共场合的行为，更直接关乎企业形象。所以，优秀的员工一定要时刻牢记规范自己的行为、维护企业的形象，并使这种自觉成为习惯。

在日常工作、生活中，也要自觉维护集体的声誉。比如，拨打和接听电话、商务谈判，甚至在朋友或邻居面前，你也应该注意语气，体现出你的素质与水平，展示公司的形象。微笑着平心静气地接打电话，会令对方感到温暖亲切。不要认为对方看不到自己的表情，其实，打电话的语调中已经传递出了是否友好、礼貌、尊重他人等信息。也许你不经意的冷淡和鲁莽，就会吓走一个潜在的客户，使公司利益遭受不必要的损失。所以说，企业员工的举止言谈，是大方得体，还是粗俗不堪，对企业是满怀信心、充满自豪，还是心灰意冷、怨声不断……所有这些都会影响到企业的

整体形象。要知道,无论何时你代表的不仅是个人,还是整个公司。

  员工就是企业的代言人,员工的一言一行、一举一动,穿衣打扮、气质风度,都可以看作是企业形象的缩微版。因而,打造良好的个人职业形象,规范自己的一举一动,是每一个员工维护企业形象最基本的功课。

  如果公司形象确实存在某种欠缺,从维护公司利益的角度出发,员工应该向上级或相关领导提出自己的改进意见,这才是真正负责的做法,而不是牢骚满腹甚至毫无顾忌地任意宣扬。

  在公司出现重大变故时,要保持镇静;在遇到危害公司声誉的行为时要挺身而出,力挽狂澜。如果仅仅把公司当作谋生的场所而缺少这种荣誉感甚至厌恶你的公司,那么离开也许是最好的选择。

  员工在任何时候都要记住,自己的形象代表的就是公司的形象,就是企业的形象,与任何人交往,做任何事情时,都需要谨小慎微,都需要合乎标准和规范,时刻注意维护公司形象,不说、不做有损企业形象的言论和行为,时刻以自己良好的员工形象突显企业的形象。

第六章 打造企业责任文化：高度的责任心是企业兴盛的前提

企业责任文化，是指员工在生产经营实践中形成的，为企业高度负责的理念、精神和行为准则，是以社会责任理念为导向的企业文化。企业把责任理念植入到企业文化当中，并以此规范员工行为，提升员工责任意识，以此来引导和规范企业及员工的责任行为，打造高效负责的企业形象。

① 把责任作为企业至高无上的行为准则

责任是完成一项任务、承担某种使命对责任主体所固有的要求。在企业中，责任是行动的第一准则，是最核心的价值观和理念，因而具有至高无上的价值。企业责任文化建设的核心，是企业员工的责任心和责任感，加强企业责任文化建设，其实质是不断提高企业员工的责任心和责任感。

每个企业都是依靠员工的辛勤工作才获得发展的动力，而只有员工对自己的岗位有着充分的责任心，才能够在工作中尽职尽责，将每一件工作做好。如果每个岗位上的员工都具有这份责任心，那么企业的每个岗位就能够正常有序地运营，岗位之间才能够形成串联作用，驱动整个企业不断前行。也只有如此，企业责任文化才能得到弘扬，企业的基业才能够长青，而身在企业中的员工也才能够深受其惠，自身也得到更好发展。所以，建设责任文化的核心在于提升员工的责任感和责任心，让每一个员工都把责任当成至高无上的准则。

要在企业中营造"责任至高无上"的氛围，树立责任第一的理念，首先，有坚定明确的责任价值观。价值观是引领一个企业发展的最高意识追求，它能在精神层面影响和规范员工的一言一行。责任文化要求把责任作为企业最高行为追求，强调责任是一种使命，要忠诚企业、恪尽职守；强调责任来自行动，要敢于负责、勇于担当；强调责任胜于能力，把责任当作成功的机会。这些鲜明的责任价值观构成责任文化基本的行为准则和价值追求。

第六章 打造企业责任文化：高度的责任心是企业兴盛的前提

其次，有清晰健全的责任制度。制度具有规范性、约束性。责任文化要求在企业内责任分工明确，员工责任范围明晰，职责条规清楚，职责制度健全，责任体系完备，同时，有健全有效的责任运行机制。

第三，有严肃认真的责任行为。"我的岗位我负责，我的工作请放心。"在履行责任上，员工认识一致，目标一致，行为一致，尽职尽责成为一种习惯，成为全体员工自觉履行的行为准则。

第四，有气氛融洽的责任环境。遵循职业道德，崇尚敬业精神，鄙视不负责任的行为和现象。不推诿、不懈怠，用高度的责任心把工作做到完美。敢于发出"我负责"的誓言，敢于按章办事，按规矩办事，敢于对后果负责。

此外，责任文化还包涵企业领导人的特质、企业发展历程、激励机制等诸多要素。只有了解和把握责任文化的内涵，深化对企业责任文化的认知，才能增强责任文化培育的自觉性。

一个人如果对自己不负责任，他将会失去自尊，放弃进取；如果对他人不负责任，他将会失去关怀，放弃和谐。一个员工如果对企业不负责任，他将会失去自我，放弃根基；一个企业如果对社会不负责任，它将会失去财源，放弃发展。这样的企业也注定不会走远。当责任成为一个企业引领发展的共同价值观，成为全体员工共同遵循的行为准则和自觉行动时，责任文化也就随之形成。所以打造企业责任文化，首先要锻造员工的责任意识，让员工自觉把责任当成至高无上的行为准则。那么，如何让员工自觉把责任当成自己的行为准则呢？

（1）视责任高于一切

员工一定要认识到，责任是永恒的价值导向。在职场中"千金易得，拥有责任心的人才难得"成为几乎所有单位的共同心声，责任的珍贵由此可见一斑。我们从事的每一项工作，其实都是在属于自己的"责任地"上辛勤劳动，只要我们在工作中投入责任，我们就一定会获得丰收和喜悦。

倘若一个人在工作中失去了责任感，那么就只会感到工作对自己的束缚，感到自己做出的工作只有劳碌辛苦，没有任何趣味可言，当然也就不会收获任何成就。责任有多大，发展的舞台就有多宽广。只有勇于承担责任，让负责成为我们的金字招牌，责任的种子才能收获金灿灿的果实。员工有这样的认识，才能自觉把责任当成自己的行为准则。

(2) 以责任为使命

责任是一种义务，是一种使命，是推动发展的原动力。责任只有轻重之分，无敷衍推却之理。企业的每一名员工都有不同的工作岗位，岗位赋予我们责任。有责要有为，有为才有位。员工要常思量自己工作岗位的来之不易，常掂量自己肩负的责任之重，以此增强荣誉感和责任感，爱岗敬业，兢兢业业，在其位谋其政，履其职尽其责。《左传》云："政如农功，日夜思之。"对待自己的职责，要像农夫耕种一样，白天干事晚上想事，一日三省，如履薄冰，"临事而栗"，殚精竭虑。企业要给员工以明确的责任感，让员工知道自己的责任是什么，并且担起自己的责任。

(3) 把责任落到实处

责任的关键在于落实。企业要要求员工牢固树立"履责应该、尽责光荣、失责可耻"的思想，把落实责任纳入重要日程，做到只争朝夕抓落实、提高水平抓落实、转变作风抓落实、严于律己抓落实。员工的工作要一切从企业实际出发，抓重点、抓关键、抓突破，想实招、办实事、求实效；要深入岗位，不断学习岗位技能和知识，探寻思路举措，破解发展难题；要大兴求真务实之风，苦干实干，开拓创新，不图虚名，不做表面文章，一步一个脚印，不达目的不罢休，不见成效不"收兵"。只有这样才能够将责任落实到每一项工作中，才能够为企业实现构筑责任体系提供助力。

(4) 自觉接受责任教育

责任意识并非生来就有，而是后天教化的结果。因此接受责任教育对每个员工来说都意义重大。责任教育能引导员工树立正确的世界观、人生

第六章 打造企业责任文化：高度的责任心是企业兴盛的前提

观和价值观，把个人的前途命运融入到企业发展需要中，让员工着眼于服务和奉献，引导我们服务他人、服务企业、奉献社会，在这一过程中实现个人的正当利益；让员工着眼于集体主义，引导员工把企业、集体、个人的利益有机结合起来，坚持企业利益、集体利益高于个人利益；让员工着眼于职业道德和职业精神，引导员工把职业目标同远大理想结合起来，在自己的岗位上忠实地履行对社会、对企业、对他人的责任，自觉地把责任意识转化到"尽职尽责完成工作"的行动中去。因此，企业要建立责任教育制度，及时、有效地对员工进行责任教育，全面提升员工的责任意识，把责任当成自己至高无上的行为准则。

（5）提高履行责任的能力

负责要以能力为前提，能负责才能负起责。没有能力负责而偏把过重的责任压向其身，只会让责任落空。所以企业要求员工承担责任时一定要保证员工有承担责任的能力。有些员工对责任有高度负责的意识，实际工作中却屡屡失职，究其原因不是不愿负责，而是自身能力不足，在面对责任时"心有余力不足"，缺乏完成责任的能力。所以提升员工的岗位技能，加强员工综合职业素养的培训，让员工修炼与其岗位责任相应的能力，是企业也是员工的重要任务之一。责任的分量是沉甸甸的，只有足够强大的肩膀，才能够肩负起这份责任。

② 构筑责任体系，全面提升员工责任意识

对于现代企业而言，构筑完备的责任体系，正是铸造责任文化的重要

环节。责任是企业的文化根源，企业要想成就百年基业，责任必须贯穿始终。如果在企业文化中强调从小处培养员工的责任心，从大处培养员工的责任感，并使员工养成自觉行为，那么这个企业的文化就已经形成。所以企业作为一个组织，要构筑起完整的责任体系，增强员工的责任意识。

现如今每个企业都会为自身构架出符合自己发展需要的责任体系。责任体系框架包括责任精神、责任制度、责任行为和责任物质四个层面。其中，责任精神是最为核心和重要的层面，它决定了责任制度、责任行为和责任物质。责任文化的制度层面是精神层面与行为层面、物质层面的中介，而责任文化的行为层面和物质层面则是责任精神文化的外在表现。

责任精神，就是将责任理念植入到企业文化中，让其成为企业的精神基因。具体来讲，就是用企业责任观重新审视企业使命、企业宗旨、企业愿景和企业经营理念，规范员工的行为，让员工树立责任第一的理念。

责任制度，就是将责任理念植入制度建设中，包括纵向的生产流程规范制度和横向的职能部门的相关制度。责任制度不仅要求员工负责，更要求企业负责。企业要主动担当起作为企业公民的社会责任，担起对员工、对社会、对股东、对客户的责任。在企业内部，要细化各个岗位的责任，保证"人人有责、人人负责"，制度到人、到事，用制度来规范责任行为。

责任行为，就是把责任植入企业行为文化。企业责任行为一方面体现为企业生产经营行为，包括研发行为、采购行为、生产行为、销售行为和售后服务行为。另一方面还表现决策管理行为，包括决策行为、管理行为、沟通行为、执行行为和考核行为。企业责任行为还体现在公司不同层级员工的身上。包括高级管理层、中级管理人员和基层员工在企业经营、教育宣传、人际关系活动、文娱体育活动中践行的负责任的行为，特别是体现在对企业各利益相关方的关系处理上。要求企业所有的行为都要以责任为第一、把责任放在最高位置上，从而营造良好的企业责任氛围，打造责任文化。

第六章 打造企业责任文化：高度的责任心是企业兴盛的前提

责任物质，就是将企业社会责任的理念植入企业生产的产品和提供的服务中，以及体现在企业的工作环境和生活环境中。

然而仅仅依靠框架还是不能让责任文化得以真正弘扬，每个员工能否增强自己的责任意识，帮助企业去维系所构筑的责任体系才是提高员工责任意识的关键之一。

(1) 要有明确的责任制度和规定

员工积极主动地维系企业的责任体系，关键的一点就是要让员工明确自己的责任。明确了责任，就会更好地负起责任。如果一个员工连自己的责任是什么、自己需要负什么样的责任都不清楚的话，那他怎么样去负责任、能负什么样的责任呢？只有责任明确，才能真正把责任落到实处。这就需要我们建立起清晰的责任制度，构筑健全的责任体系才行。

>>>>>>>>>>>>>>>>>>>>>>>>>>>>>>>>>>>>>>

到目前为止，我国保存比较完整的古城墙是南京明城墙，这也是世界上现存最大的古代砖城。南京明城墙之所以能保存至今，这与它所用砖块的质量有很大关系。据记载，该城墙所用砖块都是由长江中下游附近的150多个府（州）、县烧制的。砖的侧面刻着铭文，除时间、府、县外，还要分别刻有监造官、烧窑匠、制砖人、提调官（运输官）这4个人的名字。最后交砖时，检验更为严格，由检验官指挥两名士兵抱砖相击，如铿锵有声、清脆悦耳而不破碎，属于合格；如相击断裂，责令重新烧制。正因为责任如此明确，才保证了城砖坚固异常，南京明城墙才能历经600多年的风雨仍屹立不倒。

<<<<<<<<<<<<<<<<<<<<<<<<<<<<<<<<<<<<<<

可见全面的责任体系是保证安全和质量的关键，而且古代人就已经深深地懂得了这个道理。砖上刻人名的用意，就是为了职责分明、责任到位。参与人员的名字都刻在砖上，清清楚楚、一目了然，一旦出现问题，就可以追根溯源，追究当事者的责任。所以无论监造官、提调官、还是烧

窑匠、制砖人,哪个环节都不会有丝毫懈怠。这正是完备的责任体系的重要作用。企业也需要建立这样完整、明确的责任制度和规定,让每一个员工都清楚自己的责任,从而负起自己的责任。

(2) 设立岗位"责任链",打造责任型员工

要根据企业组织的责任结构、部门岗位,为每一个岗位确立明确、清晰和有限的岗位责任,并以完整有序、纵横交错的企业组织"责任链",确保每个岗位责任都能落实到相应的员工头上,让每一位员工都清楚自己应该在本职岗位上"做什么,做到什么程度"。同时,更要抓住一个关键点,就是各级单位和部门负责人,不但要清楚自己的岗位职责,还要熟悉管理范围内每项工作的流程,以及各岗位每位员工的岗位职责,确保每项工作严格按照其应有的流程进行,避免因工作分配上的随意,造成出现问题时推诿扯皮现象的发生。只有建立起完整的责任体系,才能促进员工的责任意识,增强他们的责任感,从而负起自己应负的责任,塑造企业的"责任型员工"形象,促进企业责任文化的建立。

责任型员工就是对企业忠诚,对岗位忠诚,对工作忠诚的劳动者。要不断加强员工的思想教育和行为规范,要把企业优良的传统和现代企业管理理念结合起来,制订和完善责任明晰的岗位责任。使责任成为全体员工共同认可和恪守的理念准则。从小处培养员工的责任心,从大处培养员工的责任感,使员工养成自觉行为,以此来提高员工的群体素质,打造责任型员工队伍。

>>

中铁一局"金牌员工"、被称为当代工人楷模的窦铁成,就是这种对企业忠诚、对岗位忠诚、对工作忠诚的责任型员工的典范。他曾多次荣获全总火车头奖章、当选铁道部劳模、荣获省部级优秀共产党员称号。就是凭借对企业的一份责任心,窦铁成从参加工作起就开始钻研与电务工作相关的各种知识。近三十年来,他先后学习了《电子技术》《电机学》《钣金工艺》《钳工技

第六章 打造企业责任文化：高度的责任心是企业兴盛的前提

术》和《机械制图》等书籍，积累了60多本学习笔记。窦铁成负责安装的铁路变配电所38个，全部一次性通过验收，一次性送电成功，全部获得优质工程。施工过程中，窦铁成解决技术难题52个，解决送电运行故障310次，提合理化建议及小改小革30次，提出设计变更6次，采纳6次。窦铁成用自己所学的知识节省成本、为企业创造效益1380多万元。窦铁成只有初中文化水平，却因为怀惴责任，不断学习，成长为中铁一局的高级技师，成为电务行业响当当的专家型员工。

<<<<<<<<<<<<<<<<<<<<<<<<<<<<<<<<<<<<<<

构筑责任文化，既要明确责任，树立尽责为荣，失职为耻的正确理念，还要落实责任，让件件事情落到实处，符合规范和标准。同时要承担责任，明白不尽责就要受到责任追究。有了分层次的责任，就有了整体的责任；有了整体的责任，就有了一个系统的责任。

责任体系是一个需要协调的、动态的系统，它随着企业的发展而发展。责任文化必须在实践中不断汲取营养、不断得到强化，才能具有生机和活力。责任无法穷尽，在责任与责任之间，存在着大量的共同责任、交叉责任和空白责任，必须不断协调和弥补，让责任的细胞充满企业肌体，让责任意识无所不在。对于员工来说，只有企业的责任体系得以维系，企业的责任文化能够发展，企业才能在日趋激烈的市场竞争中获得一席之地，员工也才能够依托企业得到更好发展。因此，员工更应从自身做起，努力增强自己的责任意识，以高度责任心来为企业构筑责任体系。只有这样，企业才能基业长青。

③ 把责任落实到每一个工作细节中去

"古今兴盛皆在于实，天下大事必作于细。"细节决定成败，细化才能问责。企业要以建立健全企业责任体系为契机，把工作中关系到企业发展的大事要事、关系到企业利益的琐事难事、关系到企业生死存亡的急事特事层层细化量化，分解落实到每一天、每一项工作乃至每一个细微之处，让责任渗透到工作最细微的地方，从而显现出责任的真正作用来。

武汉市中心的景明大楼是近百年的老建筑，当初设计时的安全年限只有80年。然而，就在安全期限过了不久，景明大楼的相关负责人收到了一封来自英国的挂号信，这是当初设计这座大楼的企业写来的。信中写道：景明大楼为本建筑设计事务所设计，设计的安全年限为80年，现已超期服役，敬请业主注意。这样负责的精神让人们非常震惊。

重建于1950年的广州海珠桥所使用的钢材是从英国的一座旧钢桥上拆卸下来的。50年后，广州市市政部门收到了当年为建桥提供钢材的英国企业的来信。信中说：修建海珠桥的钢材已经有100年的历史，接近使用寿命，建议进行检测，并根据测试结果进行加固。

近一百年的岁月流转，景明大楼当年的设计者、海珠大桥当年的材料供应商，很可能已经离世，然而其组织的责任却没有丢。这些公司的工作人员传承了这种责任感，依然在履行着他们

第六章 打造企业责任文化：高度的责任心是企业兴盛的前提

神圣的责任。这就是支持企业能做到永续经营的责任文化，把责任落实到每一个工作细节的责任文化。

责任，更多体现在一些工作的小细节上，只有把责任理念融入到最细节的工作中去，才能真正渗透。许多员工认为：只要把大的事情做好就行，那些小事情是微不足道的，于是对待日常工作马虎粗心，以致漏洞百出。当小毛病积少成多、积小成大，那些毫不显眼的小事会造成巨大的损失。

无论什么惊天动地的大事，都是由一件件小事构成。把每一件小事做好，你就是成功者，你的责任感就能充分体现出来。一屋不扫，何以扫天下？每一件事都是相互制约、相互影响的，每一个细微环节都在成就另一个庞大体系。

工作无小事，认真对待每一件小事就是在成就大事。岗位无大小，当每个员工都固守自己的本分和岗位，就是对企业作出了最好的贡献。能将细节完美呈现的人，更能成就人生的大事。

一个大公司的老板曾经说过这样一件事：有个人来他公司应聘，经过交谈，他觉得那个人其实并不适合在他们公司工作。因此，他很客气地和那个人道别。那个人从椅子上站起来的时候，手指不小心被椅子上跳出来的钉子划了一下。那人顺手拿起老板桌子上的镇纸，把跳出来的钉子砸了进去，然后和老板道别。就在这一刻，老板突然改变主意，留下了这个人。事后，这位老板说："我知道在业务上他也许未必适合本公司，但他的责任心令我欣赏，特别是在细节方面的责任心。我相信把公司交给这样的人我会很放心。"

再宏伟的大事也是由无数细微小事构成的。责任感的体现，更在于做好小事。一滴露珠可以折射出绚烂的太阳光辉，一个细节可以看出一个人的内心世界。一个员工有没有责任心,是不是热爱自己的企业,并不仅体现在惊涛骇浪的大事前,更体现在粼粼微波的小事中。一个企业是不是有良好的责任文化,也同样可以在细节中发现踪影。

>>

中国海尔集团首席执行官张瑞敏曾经说过:"所有的产品都应该是精品,有缺陷的产品等于是废品。"

1985年,当张瑞敏对着400多台冰箱抡起铁锤时,"海尔"品牌日后的驰名世界就此注定。张瑞敏砸冰箱,不只因为400多台冰箱中的76台有轻微刮痕,更是因为他知道,质量大于天,质量才是生存之本。同样作为中国改革开放后崛起的第一批巨商,如张瑞敏这样有质量意识的比比皆是:万向的鲁冠球、科龙的潘宁,他们都曾对不合格的产品"狠下毒手"。他们对质量、责任的先知先觉,铸造了企业的辉煌。

海尔员工高度负责的精神创造了海尔产品的"零缺陷"神话。海尔让员工意识到:他们的命运与公司的命运是紧密联系在一起的,一荣俱荣、一损俱损。无论在什么岗位上,都要对自己的工作负责、对公司负责。

<<<<<<<<<<<<<<<<<<<<<<<<<<<<<<<<<<<<<<<<<<<<

责任感,是一种伟大的心态。工作有轻重缓急之分,责任却没有。一个护士不注重小事,给病人输吊瓶时拿错药瓶,病人将会有生命危险;一个财务人员不注重小事,在汇款时不小心写错了一个数字,公司将会蒙受惨重损失;一个建筑商不注重小事,使用了一批不达标的水泥做建筑材料,盖的楼房将会成为"豆腐渣"工程。小事中的责任心,最见真功夫。关注细节、把责任融入每一件细微的工作中去,不仅是企业需要极力提倡的工作理念,也是每一个员工在工作中必须做到的。只有把责任融进工作细节,责任文化才能真正渗透到企业的内核中去,才能孕育出真正优秀的责任文化来。忽略细节,抛开小事,是塑造不了真正的责任文化的。

第六章 打造企业责任文化：高度的责任心是企业兴盛的前提

 重罚不负责任的行为

如果说智慧和能力像金子一样的话，那么勇于负责的精神则像钻石一样更为可贵。那种既有能力又有责任感的人，是每一个企业都渴求的理想人才。现实情况表明，企业往往愿意信任一个能力一般但有较强责任感的人，而不愿重用一个能力很强但缺乏责任心的人。即使一个人的能力很强，如果缺乏负责精神，那么其能力也就失去了用武之地。对于有责任感而能力稍差的人，企业也会乐意给他们提供培训机会，提高他们的技能，因为这种员工是值得公司信赖和培养的。

有责任心的员工会认真地对待工作，百分之百地投入工作，从来不投机取巧，也不耍小聪明。他们明白工作就意味着责任，岗位就意味着任务，工作的底线就是尽职尽责，坚守岗位，完成任务。总是自觉把企业的利益视为自己的利益，会因为自己的所作所为影响到企业的利益而感到不安。处处为企业着想，为企业留住忠诚的顾客，让企业有稳定的顾客群。具有责任心的员工，不会推卸责任，也不会因为一次过失造成的后果而气馁。

有责任心的员工不只看到本职工作以内的事情，还会对上下游的工作有一定的关注，会想着结合自身岗位，让上游工作做得更快更好。也会把自身岗位工作做得更完美，给下游工作提供便利。有责任心的员工把企业利益当作个人利益，绝对不会容忍伤害企业利益的行为和事件出现，一旦发现，必定勇于揭发绝不姑息。对于自己的过失而造成的后果也绝不推谤，一定勇于承担责任。当然，搬弄是非、拉帮结派也不会出现在他的身上。这样的员工当然是企业最欢迎的员工。

然而，企业里的员工并不都有一样的水平和负责的精神，总有一些员工的责任精神会差一些，甚至会因为不负责任导致严重的后果。对这样的员工，企业是绝不能姑息，更不能纵容的。责任文化建设要以人为本，人的因素是各项工作的基础，也是责任文化建设中不可忽视的重要因素。因而一方面企业要大力宣传和引导员工负起责任，营造责任文化氛围，大力表彰负责任的行为和员工，另一方面也要对不负责任的行为给予一定的惩罚，以体现责任制度的公平，形成良好的以负责为荣的文化氛围。

(1) 制订满足不同需求的激励政策

需求引发动机，动机决定行为。员工的需求使员工产生了动机，行为是动机的表现和结果。对于一些勇于负责的员工来说，需要的是对其负责行为的肯定，这能更好地激发他们的责任心；而对于责任心较差，甚至不负责任的员工来说，严厉的惩罚等负刺激是有效的激励方式。不同个性、不同责任意识的员工，他们的需求侧重也有不同，因而激励的方式和方法也是不同的。在制订激励政策之前，要对员工的所有需求做认真调查，并制订一份详细的清单。然后制订奖惩制度，并严格执行。

(2) 严格执行责任奖惩

对于自尊心较强、懂得自律的员工，要满足他们被尊重的需求，肯定他们是一个有责任心的员工，并对他们负责的表现重点突出，可以用表彰或是表扬的方式，让他们感受到自己的负责行为被肯定的快乐，同时通过对其他不负责任行为的处罚，强化他们的这种满足感。

对于自律性较差、责任意识不太强的员工，对于其不负责的行为要严格执行惩罚制度，让他们承担不负责任的后果。并且使其充分认识到，只有做好自己的岗位工作、履行自己的责任义务，不断提升自己的责任意识，把责任放在心间，工作以责任为重，才能享受更多权利，成为一个受

第六章　打造企业责任文化：高度的责任心是企业兴盛的前提

尊重的人。这样，就会使所有的员工都有强烈的责任意识，并且自觉主动地负起责任来。

当然，对不同的不负责任的行为，也有不同的惩罚方式和力度，不能一概而论。对于玩忽职守的不负责任行为，如粗心大意，工作不负责任，对待员工和客户敷衍了事，工作态度恶劣，小毛病小错误不断，责任意识较差，根本不把责任当回事等，这样的员工一旦有不负责的行为发生，最好的处罚就是辞退，不再录用。与其一次又一次惩罚他的不负责行为，不如直接辞退他。

对于那些平时工作较为负责，认真勤恳，注重细节，但是偶尔在某件事情上认真度不够，导致责任承担不力犯下错误的员工，就需要惩教结合，多给他们改正的机会。平时要注意教育和培训，让其掌握工作的必备技能和思维，同时要经常进行绩效面谈，跟进其工作进展，在关键点给予支持和帮助，以减少其犯错误的概率，提升责任心。

对于那些只是一时疏忽而犯错的员工，小惩小戒即可，要以宽容为主，提醒为辅，要注意给他留面子，维护他们的自尊心和积极性。

不论级别大小，企业中高级管理人员同样是公司的一员，同样应该遵守公司的规章制度。有违反责任制度、不负责任的行为，同样需要重罚，并且需要带头模范执行。如果以各种理由搪塞自己的违规情况，则必然导致普通员工丧失基本的责任心，其负面影响不言而喻。

培养和激发工作责任心需要企业和员工的共同努力，仅仅靠企业或是靠员工都会不尽人意。只有企业和员工共同努力，才能最大限度地激发员工的工作责任心，构建优秀的责任文化。

⑤ 消除任何借口，倡导人人负责

与负责相对的，是借口。有的人在完不成任务或不想承担某种责任时，往往会找出一大堆借口，"这项工作的难度太大了""我现在手头很忙，没有精力做这件事""那个客户还没有给我回信""市场部的数据传得太迟了，要不我下周给方案""下一次我一定会做得很好"等。这些借口听上去好像都是"理智的声音"，看起来也冠冕堂皇，但是借口终究是借口。可以说找借口是世界上最容易办到的事情之一，只要你存心想找，总能找到理由。

借口是责任的天敌，因为一旦有借口，就会在想这件事是做不成的。所以，打造良好的执行文化，消除"借口"至关重要。这个方面，西点军校是当之无愧的典范。

>>>>>>>>>>>>>>>>>>>>>>>>>>>>>>>>

据美国商业年鉴统计，第二次世界大战后，在世界500强企业中，西点军校培养出来的董事长有1000多名，副董事长有2000多名，总经理、董事一级的有5000多名。任何商学院都没有培养出过这么多优秀的经营管理人才。西点军校的秘密就在于这六个字："没有任何借口。"

这是西点军校奉行的最重要的行为准则，是西点军校传授给每一位新生的第一个理念。无论在任何工作岗位上，就是要不找任何借口地去执行，想尽办法去完成任何一项任务，而不是为没有完成任务去寻找借口，哪怕看似合理的借口也不要。比如指挥

第六章 打造企业责任文化：高度的责任心是企业兴盛的前提

官要求就地卧倒，哪怕前面是一个大水坑，也不能有任何理由不卧倒。没有任何借口，必须严格执行，哪怕前面是刀山火海。正是因为这样的理念，才造就了西点军校的辉煌。

但实际上，很多人并不明白不找借口的道理。有太多的人善于给自己的不负责找各种借口。部门领导把部门业绩的不景气归咎于员工的无能和懒惰；员工把自己的事业不景气归罪于领导的无能或经济不景气。一个人把自己耽搁、延误归因为闹钟没及时响起；自己犯了错，却是因为某某怎样怎样导致的……这样的人很少会把事情的不顺利归结于自己的责任不够，努力不够，能力不够，而把它归罪于自己身外的人或事，找各种各样的看似无懈可击的"理由"来充当借口，其根本目的就是不想承担责任。

借口是什么？借口的实质就是逃避责任的托辞，不想担责的谎言，是懒惰的"代名词"，无能的"遮羞布"。要让工作优秀、责任至高无上，就必须抛弃任何借口，彻底消除找借口的习惯，让企业中的每一个人都负起自己的责任。这样企业的工作才会有起色，责任文化也才会建立起来。

因而不论接到任何任务，首先应该想如何做成这件事，并努力找方法，而不是去找借口。这样的企业，才会形成良好的责任文化，让责任成为企业的代名词。

　　海尔集团把执行力写进了自己的公司制度，这在我国企业界是先例。海尔规定，所有员工必须严格按照公司规定执行任务，不得徇私舞弊，要为客户提供最高效快捷的服务，要在第一时间为客户解决问题，拖拖拉拉和寻找借口的员工将被辞退。

　　有一次，海尔售后服务部门接到一位用户打来的电话，说自己新买的冷柜长时间不停机。工作人员仔细询问了有关情况，并留下了用户的联系方式，说马上就为其解决这一问题。但这位工作人员太过忙碌，很快忘了这件事。直到下班时，用户又打来电话询问，他才想起因疏忽忘记做相关安排了。这位用户当时很生气，抱怨海尔的售后服务实在太差劲。

第二天，部门主任知道了这件事，他当即给客户回电话表示歉意，并表示将在一小时内赶到用户家解决这一问题。随后，他安排了一名售后服务人员马上去处理。这名员工带上工具和用户的姓名、地址登记卡急匆匆地出发了。

谁知，当负责上门维修的员工看到用户登记卡上的地址，根本不是详细地址。维修员想过给用户打电话询问，但当时正是午休时间，此时打电话可能会影响人家的休息。无奈之际，他想起可向所记地址的户籍处打听信息。很快，他找到了这位客户，时间恰好过了一个小时，也正好错开了用户的午休时间。经过检查发现，原来是因为用户没有认真阅读说明书，放了太多冷冻食品所致。他耐心地向用户介绍了使用知识，用户感到非常满意。

当用户知道这位员工费尽周折才找到自己的住址时，非常感动。她说她见过很多厂家的售后服务人员，从来没有一个厂家的售后服务能做到如此细心、如此高效。

借口是执行不力的温床，借口是担当责任的魔鬼。借口无处不在，只要想找，就能为逃避责任找出一大堆借口。但是，借口不会让你步入成功的天堂，只会把你推向失败的地狱。寻找借口的人，总是掩盖自己的过失，把应该由自己承担的责任推卸给他人，这样的人本身就是没有责任意识、缺乏责任心的人，找借口只会令他更加丧失执行力，最终一无所成。

"不为失败找借口，只为成功找理由。"责任出事业，不管任何人一定要有敢于担责的品格，努力做到不管面临多大困难都努力克服，不管遇到多大压力都咬牙挺进，不管出现什么样的结果都勇于面对。工作中出了问题，有了失误，要勇于承担自己的责任，绝不找任何借口。

要消除借口，在企业内形成人人负责的态势，除了要树立高度的责任

第六章 打造企业责任文化：高度的责任心是企业兴盛的前提

意识外，还要消除一些导致借口的外因，主要应从以下方面着手。

(1) 提升核心岗位技能，有能力负责才能减少借口

有些时候找借口实际上是"被逼无奈"，因为自己的能力不够又不想太过于丢面子，于是开始给自己找各种客观理由，想要掩盖自己能力不足的事实。这就只有通过学习和对经验的总结来提升自己的岗位技能，让自己有更大的能力去肩负起岗位责任，做好岗位工作。而当员工的能力得到进一步提升后，很可能会有机会在责任更大的岗位上得到历练，甚至有机会帮助企业实现更长远的进步。

(2) 不投机不取巧，该负责就负责

有些员工常想在工作中取巧，找一些自认为极其"合理"的借口逃避那些不想承担的责任，以为神不知鬼不觉。殊不知这都不过是耍小聪明，所做的事众人皆知，所以自以为聪明地偷奸耍滑、找借口找理由，逃避责任，都是愚蠢的。可以回想一下近日的工作，是否每件事都可以摊在阳光之下，每件事都敢说自己做到百分之百负责，而不再找借口及理由来欺骗自己将不负责"合理化"。要时刻告诫自己，没有谁比谁傻，牵强附会的借口很容易被拆穿，不要抱侥幸心理，没人点破不代表没被识破，找借口不负责任只能让自己在他人眼里更加不堪，堵死自己在企业中成长的机会。

(3) 多找解决方法，少找各种理由

找借口，无非就是期望通过寻找外界所谓"不可抗力"来为自己开脱。如果养成这样遇到失败就给自己找借口的习惯，那么下一次失败就不远了。成功的人并非从未失败过，而是知道首先从自身去找失败的原因和解决问题的方法。客观因素是无法改变的，但不能因此就不去努力获取成功，不去努力肩负自己的责任。与其从客观因素中找借口，不如想想如何提升自己，如何纠正自己的错误和不足，如何解决问题，面对挑战，下一次再遇到困难的时候能够战胜它，从而肩负起自己的岗位责任，获得工作

中的成功。

(4) 打造责任文化，摒弃"借口文化"

"借口"始于负面心态。每一个借口的背后都是各种各样的负面心态，如惰性、消极、畏难、不负责任，喜欢找理由，工作作风拖沓，得过且过，推卸责任。

这种"借口文化"的危害是很严重的。出现问题，找各种借口解脱，一大筐子话，唯独没有一句把责任放在自己身上，这就是俗话说的"歪理十八条"。问题有大有小，但是借口一旦出现，只会使人习惯拖延，习惯推卸责任，习惯转嫁过失。这说明借口作为一种敷衍别人、原谅自己的"挡箭牌"，使自己以为，干不好纯属正常。于是时时处处宽容自己，宽容到最后，自己变得懒惰，自私，一事无成。长此以往，"借口文化"形成对管理、对工作的严重危害，意味着预期的工作目标将难以实现。因而，借口文化是责任文化的死对头，打造责任文化，务必彻底消除借口文化。

要使"借口文化"在企业中销声匿迹，就必须铲除产生借口的温床，要制订严谨的责任制度，高标准严要求，倡导人人负责，带领员工扎实工作，狠抓落实，把责任作为企业的核心理念，放到至高无上的位置。要求每一个员工都要做到少找借口多负责任，让每一个岗位、每一个员工都真正负起自己的岗位责任，并且互相监督、互相促进，崇尚责任，营造一种摒弃借口、争相负责的氛围，从而使员工自觉抛弃借口，培养负责的习惯，打造责任文化。

每个员工只有做到少找借口多负责任，才能够消除这个职业生涯中最最危险的痼疾，养成负责任的优秀品质。只有停止为自己找借口，用实际行动去履行自己的责任，才能够让责任文化在企业中撒播，让责任意识在员工间传递。

第六章 打造企业责任文化：高度的责任心是企业兴盛的前提

 履行社会责任，树立企业形象

对于一个企业来说，员工有员工的责任，企业有企业的责任。企业要求员工负责，打造强有力的责任文化，就必须首先担起自己的责任，并模范履行自己的责任，才能给员工带好头，使员工对企业的责任理念和核心价值观更加认同，也使企业形象得到更进一步的提升。承担好企业的社会责任，是企业引领责任文化建设的良好契机。

企业社会责任，是指企业在创造利润、对股东和员工承担法律责任的同时，还要承担对消费者、社区和环境的责任。企业的社会责任要求企业必须超越把利润作为唯一目标的传统理念，强调要在生产过程中对人的价值予以关注，强调对环境、消费者、对社会的贡献。那么，具体来说，企业应当履行哪些社会责任呢？

(1) 确保企业增值赢利，创造更多税收的责任

企业的任务是发展和赢利，并担负着增加税收和国家发展的使命，因此企业必须承担起发展的责任。想搞好经济发展，要以发展为中心，以发展为前提，不断扩大企业规模，扩大纳税份额，完成纳税任务，才能为国家发展做出大贡献。但是这个发展观必须是科学的，任何企业都不能只顾眼前，不顾长远，也不能只顾局部，不顾全局，更不能只顾自身，不顾友邻。所以无论哪个企业，都要高度重视在"五个统筹"的科学发展观指导下的发展。

(2) 环境保护的责任

企业的发展一定要与节约资源相适应。企业生产和发展要遵守节能降耗、减少污染、保护环境的原则，企业不能只顾发展、破坏环境、顾此失彼、不顾全局。企业发展一定要站在全局立场上，坚持可持续发展，高度关注节约资源，改变不利于环境保护的经济增长方式，发展循环经济、调整产业结构，以可持续发展为基准，确定发展的策略。

(3) 社会建设和推动社会发展的责任

企业作为特殊公民，是社会不可或缺的一员，而且是非常特殊的一员，因而有责任也有义务尽己所能推动社会的进步和发展。比如，遵守国家法律法规，守法经营；明礼诚信，建立和传达诚实信用的理念；开展科技创新、开发研究更新颖、更高级的产品，引领更科学、更符合人类发展的消费观念等，都是企业的责任。再比如企业应当在财力、物力和人力上多为社会的发展和进步出力，如分出一些财力和精力担当起发展社会医疗卫生、教育和文化建设的责任。

(4) 发展慈善事业

企业是构建和谐社会的重要主体，参与帮扶弱势群体，投身社会公益事业，国家危难时挺身而出，是企业履行社会责任，报答国家、回馈社会和公众的最直接途径。企业在发展壮大的同时，要怀感恩之心，坚持义利兼顾、以义为先的理念，积极履行社会责任，勇于投身公益事业，在抗震救灾、校企共建、捐资助学、扶贫助残、社会救助等方面做出应有贡献，以实际行动报效国家、回报社会，充分体现企业扶危助困的高尚情操。很多企业在这方面是很好的典范。

国家开发银行新疆分行积极履行社会责任，不断强化使命担当，承担社会责任。新疆分行2014年累计向灾后重建、教育助学、扶贫帮困等领域提供捐赠逾350万元。募集资金102万元设立"国开新疆爱心教育基金"，通过助学贷款帮助1295名贫困学

第六章 打造企业责任文化：高度的责任心是企业兴盛的前提

子圆了大学梦。通过建立"政府支持＋扶贫基金＋农民资金互助社＋银行"协作的风险分担机制，向巴里坤县6000余户贫困农牧民提供5000万元流动资金贷款，创造"以规划促扶贫、变输血为造血"的扶贫帮困模式。

为响应新疆自治区"访民情、惠民生、聚民心"下基层活动要求，分行向阿克苏依干其乡喀拉木克其村派驻第一批员工驻村工作，协助当地开展维护稳定、民生建设等"六项任务"。驻村以来，工作组走访300多户群众家庭，汇总群众反映的问题和困难近500条，先后与市政部门、供电公司等沟通协调，帮助解决供水、村民生活生产用电等实际问题。本着民生优先、普惠村民的原则，筹集专项资金为喀拉木克其村安装太阳能路灯。这些积极主动担起社会事务责任的行为，不仅在业界赢得了诸多赞誉，在全社会也赢得了一片赞誉之声。

现在有很多企业一说到履行社会责任，第一反应就是捐钱捐物给公益事业，这其实是一个很大的误区。一些企业一遇到自然灾害或者教育、环保、慈善募捐等行动，捐钱倒是很积极，但捐完钱之后，就认为什么事情也不需要做了，这是对企业社会责任的片面理解。

企业为什么要履行社会责任？一方面是因为企业是社会的公民，应当承担一定的义务，并给其他企业和团体进行示范，另一方面是因为企业掌握许多社会资源，它可以完成其他个人或团体无法完成的任务。所以，企业履行社会责任的最佳手段，就是直接参与到社会公益与减灾救灾事业中去。要知道捐钱捐物只是企业履行社会责任的最基本表现形式，企业多参与到各项社会公益事业中去，比单纯地捐钱更重要。

总之，社会责任是企业作为社会公民的分内之举，同时也是企业树立良好形象的有效途径。因而，企业必须积极主动地履行自己的社会责任，承担相应社会义务，履行相应社会责任，在得益于社会的同时，回报社会，从而提升企业形象。企业要认识到履行社会责任对企业发展的意义和作用。企业履行社会责任，虽会在短期内增加经营成本，但无疑有利于企业自身良好形象的树立，形成企业的无形资产，进而形成企业的竞争优势，最终给企业带来长期潜在的利益。企业承担社会责任的行为，是维护企业长远利益、符合社会发展要求的一种"互利"行为，可以为自身创造更为广阔的生存空间，同时，企业履行社会责任树立了企业负责任的形象，重新塑造和创新了企业文化的价值观念，推进了企业文化的相关建设，也由此可以引导企业全体员工把责任放在肩上，推动企业的责任文化建设。所以企业履行社会责任是非常必要的。

第七章 弘扬企业合作文化：团结一心构建一流团队

合作文化，是指企业内员工之间相互协作、互帮互助、分享共赢的文化现象。优秀的合作文化不仅能很好地促进员工间的团结协作，和谐共进，分担风雨，共享成功，而且能把每一个员工都连在一起，使企业凝成一个整体。大家心往一处想，劲往一处使，形成强大的合力，让企业无往而不胜。

企业文化建设：从理念意识到行为习惯

① 团队协作是企业文化建设的重要内容

"一个和尚挑水喝，两个和尚抬水喝，三个和尚没水喝。""一只蚂蚁来搬米，搬来搬去搬不起，两只蚂蚁来搬米，身体晃来又晃去，三只蚂蚁来搬米，轻轻抬着进洞里。"不合作的三个和尚和合作的三只蚂蚁，产生的是两种截然不同的结果。"三个和尚"是一个团体，但是他们互相推诿、不讲协作，所以只能没水喝；"三只蚂蚁来搬米"之所以能"轻轻抬着进洞里"，正是团结协作的结果。团队合作的力量是无穷尽的，一旦被开发，这个团队将创造出不可思议的奇迹。因而现代企业文化建设、团队合作文化也就理所当然地成为其中的重要内容之一。

团队合作文化是企业文化不可分割的组成部分，没有良好的团队就算是成功也很可能是昙花一现。所以那些著名企业都非常重视合作文化建设，强调团队协作精神。《财富》杂志公布的世界 500 强企业中，超过三分之一的企业将"团队协作"作为其企业文化建设中的核心价值观，可见优秀的企业对团队协作的认同。可以说，成功的企业都有被员工认可的企业文化，优秀的企业文化都重视团队协作精神。

>>>>>>>>>>>>>>>>>>>>>>>>>>>>>>>

在倡导团队协作方面，曾经的通信巨头摩托罗拉公司有自己的方法，它推出的"沟通宣传周"活动，内容之一就是向员工介绍公司的 12 种沟通方式，目的就是强化员工的协作精神。下面举几个例子。

我建议：鼓励员工以书面形式提出对公司各方面的改善建

第七章 弘扬企业合作文化：团结一心构建一流团队

议，全面参与公司管理，使大家心往一处想。

畅所欲言：保密的双向沟通渠道，员工们可以对真实的问题进行评论、建议或投诉，想说什么就说什么。使员工增强企业归属感，与大家站到同一个队伍里来。

总经理座谈会：定期召开座谈会，底层员工的问题会在当场得到答复，并且公司承诺7日内对有关问题的处理结果予以反馈。使员工与领导之间增强交流，增进感情。

报纸及杂志：《大家》《移动之声》等杂志可以使员工及时了解公司的大事动态和员工生活的丰富内容。促进员工间的交流，使员工真切感受到企业大家庭的喜乐。

公司每年都召开高级管理人员与员工沟通对话会，向广大员工代表介绍公司经营状况、重大政策等，并由总裁、人力资源总监等回答员工代表的各种问题。

<<<<<<<<<<<<<<<<<<<<<<<<<<<<<<<<<<<<<<<<<

为什么大企业都如此重视团队协作？因为只有这样才能适应时代的步伐。当今时代，分工越来越细，绝大多数的工作都需要分工协作才能完成。"独行侠"早已过时，个人的能力再强，也不可能完成所有的工作，所以，这是一个团队至上的时代，一个协作共赢的时代。我们都知道，人是各种资源中唯一具有能动性的资源。团队协作将人的智慧、力量、经验等资源进行合理的调动，使得团队成员能发挥各自长处，使之产生最大的规模效益，取得 1＋1＞2 的效果。这样的团结协作精神，能够激发企业员工的潜能，真正使每一个成员参与到团队工作中，风险共担，利益共享，相互配合，完成团队工作目标。同时，通过发扬团队协作精神，加强了团队协作建设，从而节省内耗。这样责任到人的明确分工，避免了相互扯皮，损伤企业的凝聚力。现如今，团队协作才是成功的最大秘诀，处于这样一个时代中，企业对团结与协作精神的渴求比任何一个时代都迫切。企业迫切需要一支具有很强向心力、凝聚力、战斗力的团队。拥有一批彼此

间互相鼓励、支持、学习、合作的员工,企业才能不断前进、壮大。

因而在企业的核心价值观、企业文化建设中,都将团队协作和团队精神作为其不可分割的重要内容。企业文化与团队协作,就好像一张纸的正面和反面,离开其中任何一面,企业都不能达到发展的高度。离开企业文化的团队精神是无本之木,而离开团队精神的企业文化不过是镜花水月而已。换句话说,企业文化是团队精神的重要支柱,而团队精神又是企业文化建设的实施基础,是企业文化的基本构成要件,是建设企业文化的核心内容。

团结协作是企业文化建设的重要内容,是员工大局意识、协作精神和服务精神的集中体现。企业文化建设的核心是协同合作,最高境界是全体成员的向心力、凝聚力,反映的是个体利益和整体利益的统一,并进而保证组织的高效率运转。古人云:人心齐,泰山移;百涓之水,汇成江海。有合作,才有共赢,有共赢,才有未来。这是现代企业必须明白的重要道理,也是打造企业合作文化至为重要的一点。

② 倡导团队精神,以团队利益为重

要使团队协作成为企业内的一种习惯,一种文化,最根本的是要培养员工的团队精神,培养员工以大局为重、以团队利益为重的精神。

团队精神,实质上就是团队协作的精神、以团队为先的精神、甘心奉献的精神。其核心是团队协作。

一次,联想运动队和惠普运动队进行攀岩比赛。惠普队强调

第七章 弘扬企业合作文化：团结一心构建一流团队

的是齐心协力，注意安全，共同完成任务。联想队在一旁，没有做太多的士气鼓动，而是一直在合计着什么。比赛开始以后，惠普队在全过程中几处碰到险情，尽管大家齐心协力，排除险情，完成了任务，但因时间拉长最后输给了联想队。

那么联想队在比赛前合计着什么呢？原来他们把队员个人的优势和劣势进行了精心组合：第一个是动作机灵的小个子队员，第二个是一位高个子队员，女士和身体庞大的队员放在中间，最后上场的当然是具有独立攀岩实力的队员。各有所长的团队成员通力合作，发挥出了巨大的潜力，最终赢得了比赛。

::

可见团队赢得胜利的关键就是合作。再优秀的个人，如果不懂得合作，也就很难为团队增色。员工个人的工作能力和团队精神对企业而言是同等重要的，如果说个人工作能力是推动企业发展的纵向动力，那么团队精神就是横向动力。如果团队中人人都有团队精神，个个都以团队利益为重，那么团队将会产生强大的向心力和凝聚力。因而，打造合作文化，就要树立合作理念，倡导团队精神，让团队精神成为企业发展的灵魂。

高效的团队协作精神是企业成功的基础，也是企业走向卓越的法宝，没有良好的团队精神，看起来能力超强的团队也难以形成合力，取得长久的成功。团队精神，既是企业文化的本质要求，也是企业文化在具体事物中的核心体现，关乎着每个员工的工作方式和职业态度。因此，员工拥有稳固踏实的团队精神，便能在企业的日常运作中产生强烈的向心力和责任感，高效经营也就具备充足的条件了。

那么，企业在建设企业文化时该如何去打造团队精神，使每一个员工都乐于合作、甘心奉献、以大局利益为重、以团队利益为先呢？企业应该做到以下几点。

(1) 要营造通力合作的企业氛围

文化建设不是一朝一夕的事情，而是把企业的理念、价值观长期内化的过程。因而首先需要营造有利于企业文化传播的氛围。合作文化同样如此。要使合作理念深入人心，就必须先在企业内营造良好的氛围。任何一个团队，都像是一部精密的机器，要想保证这部"机器"正常运转，让团队合力产生最大化，就需要团队中的每个"零件"——每个岗位上的员工都相互信任，相互配合，互相帮助，朝着同一目标去努力，维护企业的共同利益。每一个员工都以企业利益为最重要，牢记团队利益高于一切，当自己的个人利益与团队利益发生冲突时，要把保证团队利益放在第一位。从而使企业内所有的人心往一处想，劲往一处使，全面提升团队实力。

(2) 在团队内尽量少用惩罚

从心理学的角度来看，如果要改变一个人的行为，有两种手段：惩罚和激励。惩罚导致行为退缩，是消极的、被动的。激励是积极的、主动的，能持续提高效率。惩罚是对员工的否定，一个经常被否定的员工，有再多的工作热情也会荡然无存。组织的激励和肯定有利于增强员工对企业的正面认同，而组织对于员工的频繁否定会让员工觉得自己对企业没有用，进而也会否定企业。所以打造团队精神，要多用正激励，少用负激励，同时多沟通。保持畅通的沟通环境、频繁的信息交流，团队成员的工作就容易出成效，目标就能顺利实现，协作也更有动力、更协调，更容易发挥合作精神。

(3) 培育团队精神要以人为本

激发合作精神，需要成员之间、上司和下属之间、岗位和岗位之间的信任和尊重，这一点企业的高层领导首先要把握和提高，着力在企业里营造这样一种氛围：能够不断地释放团队成员潜在的才能和技巧；能够让员工深感被尊重和被重视；鼓励坦诚交流，避免恶性竞争；用岗位找到最佳的协作方式；为了一个统一的目标，大家自觉地认同必须担负的责任，愿意为此而共同奉献。团队精神也就会生根发芽。

（4）提高大局意识，以团队利益为重

培育团队精神一定要先培育大局观念，以大局为重，以团队为重，把个人利益放在团队利益之后才行。要让每一个员工都明白，只有当团队利益得到满足，我们的个人利益才有可能得到实现。有的员工认为团队利益就是帮助企业实现某些利益，而并不注重团队中每个员工的基本利益。这样的认识实际是错误的。团队利益就是大家的利益，是每一个人的共同利益，个人利益和团体利益从根本上说是一致的。一方面，个人利益是团体利益的基础，没有个人利益的实现，就没有社会团体利益的充分发展；另一方面，个人利益又依赖于团体利益，团体利益是满足个人利益的保障和前提，是个人利益的集中表现。任何员工个人或员工群体的利益，都不能超越团队的整体利益。而且团队利益是实现个人利益的前提，所谓"锅里有了碗里才有"，没有团队的利益，哪里会有个人的利益呢？团队和个人是一体的，并不是分开的，这一点一定要明白，不然很难有大局意识。每个员工只有维护团队利益，具有强烈的团队荣誉感，学会顾全大局，以团队利益为重，甚至不惜牺牲自己的利益，才能让个人利益最大化。

总之，企业的合作文化少不了团队精神的培育，而培育团队精神，也少不了大局观念。只有每一个员工都以企业的利益为先，把团队利益放在个人利益之前，才能抱成一团，实现共赢。

弘扬奉献精神，树立"人人为我、我为人人"的理念

团队协作的本质，是奉献精神。要互相完美协作，不仅要"取长补

短"，更多的时候还需要"敛长缩短"，甘心奉献自己的力量，甚至牺牲自己的利益，才能使合作效果达到最佳。这种奉献不是某一个人的，而是共同奉献，也就是一种"人人为我、我为人人"的奉献观。这种奉献需要每一个团队成员都奉献自己的所能，只为完成团队的共同目标。所以这种奉献精神需要员工有大局意识和团队精神，更需要员工具备以团队利益为先的境界。

团队，本身就是一群才能互补、团结和谐的人形成的组织。团队不仅强调个人的工作成果，更强调团队的整体业绩。团队所依赖的不仅是集体讨论和决策，以及信息共享和标准化，它更强调通过成员的共同贡献，能够得到实实在在的集体成果，这个集体成果超过成员个人业绩的总和，即团队大于各部分之和。这就要求团队中的每一个人都贡献自己的全部力量，互相帮助，互相协调，不讲收获，只讲付出。

> 在南美洲的草原上，山坡上的草丛突然起火，无数蚂蚁被熊熊大火逼得节节后退。火的包围圈越来越小，蚂蚁被逼得无路可走。然而就在这时，出人意料的事发生了：蚂蚁们迅速聚拢起来，紧紧地抱成一团，很快就滚成一个黑乎乎的大蚁球，蚁球滚动着冲向火海。尽管蚁球很快就被烧成了火球，在噼噼啪啪的响声中，一些居于火球外围的蚂蚁被烧死了，但更多的蚂蚁却绝处逢生。

蚂蚁所表现出来的，正是无私的奉献精神，是为了团队利益不顾一切的精神，也是精诚团结、无私合作的精神，这些恰好是一个优秀的团队所必须具备的精神。真正优秀的团队绝不是几个人的简单组合，而是建立在各个成员之间相互依赖、相互关联、同进共退、精诚合作、利益共享、风险共担的基础之上。团队共同的愿景使得每一个成员都知道自己的角色和任务，懂得自己该奉献什么、牺牲什么、收获什么，从而真正心甘情愿地

第七章 弘扬企业合作文化：团结一心构建一流团队

为团队目标而奉献。只有人人排除私欲，全心全意地投入，无私忘我付出才能使得团队的利益最大化。团队的发展强大，自然每一个员工都会有骄傲和自我价值的实现感，这就需要在团队里建立一种"人人为我、我为人人"的奉献氛围，每个人都自觉主动地为他人着想，积极努力地奉献自己的力量，尽最大努力使团队工作做得更好，这样的团队必然是效益优异的团队。

>>>>>>>>>>>>>>>>>>>>>>>>>>>>>>>>>>

有一个盲人在夜晚走路时，手里总是提着一盏明亮的灯笼。人们很好奇，就问他：你自己看不见，为什么还要提着灯笼走路呢？盲人说：我提着灯笼，既为别人照亮了路，同时别人也容易看到我，不会撞到我。这样既帮助了别人，也保护了自己。

<<<<<<<<<<<<<<<<<<<<<<<<<<<<<<<<<<<

在团队里，多为别人着想，多奉献一些自己的力量，同样他人也会为我们着想，也会不遗余力地帮助我们，每一个人都明白"人人为我、我为人人"的道理，团结合作就成为一种习惯。懂得付出，乐于奉献，团队将会越来越完美。

团队的奉献是共同奉献，互相奉献，而不是某一人或是某一方面的奉献。这样的付出首先是自觉自愿的，所以要摆正心态。如果总觉得自己是在为别人付出，总是埋怨自己得到的与付出的不对称，那么就不可能达到乐于奉献的高度。只有都拿出乐于奉献的心态，摒弃借口、抛弃抱怨，面对任何问题，大家都一起想办法来解决，当然会打造出一支团结有力、战无不胜的团队。

④ 和睦相处，形成良好的人际关系

良好的人际关系是团队运作的润滑剂，也是构建团队合作文化的重要前提与基础。在一个团队中，工作时能否产生足够的合作默契，能否拥有足够的凝聚力，很大程度上依仗着团队成员之间的人际关系是否融洽。试想，团队成员彼此间总是争吵、猜忌，怎么可能拥有所谓默契和凝聚力？而如果在一个团队中每个成员都互敬互爱，像家人一样相互关心、嘘寒问暖，这样的团队无论面对怎样的困难，也一定能够众志成城，渡过难关。

因为人际关系的主要特点就在于它具有明显的情绪体验色彩，是以自己的感情为基础来建立的。无论是在生活中还是在工作中，我们都会有这样的感觉，不同的人际关系带给人们的情感体验不一样，亲密的关系会使人愉快，而对抗的关系则会让人烦恼。所以要有良好的合作关系，先要有良好的人际关系。

对于员工来说，要营造良好的人际关系，就要学会与人相处，以和为贵，以助为本。对上司，要信任尊重，认真执行上司的命令，通力合作，把工作做到最好。当然，每一个上司都不是完美的，要让上司心悦诚服地接纳你的观点，应在尊重的氛围里，有礼有节、有分寸地磨合。

对同事，要多理解多支持。对同事不能太苛求。在发生误解和争执的时候，一定要换个角度、站在对方的立场上想想，理解一下对方的处境，不可情绪化。在任何时候，只要同事需要支持和帮助，就全力以赴，倾力相帮，绝不含糊。这样在自己需要帮助的时候，才能得到同事的全面支

第七章 弘扬企业合作文化：团结一心构建一流团队

持，使合作顺畅无碍。

对下属，多帮助细聆听。上司要尊重下属，信任下属，支持下属，才能获得下属的认同和追随，这样，工作就会好做得多。上司要意识到，帮助下属其实是帮助自己，下属认真负责地完成工作实际上也就是在代替自己辛劳。能这样想的话，也必然赢得下属的好感和感激，那么以后的合作也会更加协调和完满。

需要谨记的一点是，在建立和维持人际关系中，需要具备分享的理念，不是分享金钱，而是分享情感，分享关心与爱护，分享喜好与兴趣，用分享的精神来吸引别人，用分享来留住别人，这样，良好的人际关系就会建立起来。

从团队来说，打造团队和谐的人际关系要做到"六个经常"，从而提升团队成员间的熟悉度和亲切感，逐渐形成工作中的默契与信任。

所谓"六个经常"包括如下内容。

一是常议热点。对于团队中出现的热点事件或热点问题，团队成员可以组织讨论发表各自的意见，在讨论中彼此增进熟悉程度，同时也能对各自的性格特点与价值观、人生观有一定的了解。

二是常拉家常。团队成员间应主动拉话聊天，不过分地走近对方的生活，及时发现团队成员在工作和家庭生活中的困难，合力帮助其解决后顾之忧。要特别注意的是，拉家常不是聊是非，千万不能在闲聊中说人短长，这是职场交流之大忌。特别是新员工，更需要自律。要注重与团队其他成员进行沟通交流，可以选择性地先交一两个朋友，再通过别人的认可逐步获得整个团队的认可。从小事做起，谦虚谨慎，多办事，少张扬。尽量使自己的行为风格和团队的风格保持一致，不搞特殊化，在众人心中留下良好印象。

三是常提建议。在参与团队建设、管理等工作中，团队成员应该畅所欲言，提合理化建议。通过这样的方法，一方面能够在团队中展示自己的才华，另一方面也能够让自己更加自信，更愿意与其他团队成员接触、交流。每个员工都应该深刻意识到，只有融入团队，才能拥有帮助企业不断实现进步的力量。只有拥有团队意识、发扬团队精神，才能够让企业的合作文化得到弘扬，才能够享受合作带来的诸多便利，才能让自己的价值得到更好彰显。因而要自觉主动地为团队着想，建言献策，多提建议，解决问题，促进团队的发展，也增强自己与团队的亲密度。

四是常有活动。团队成员间可以利用休息时间组织集体活动，如团队内部的体育竞赛，野外拓展训练，集体聚餐等。这样的集体活动往往气氛轻松、愉快，并能够在活动过程中互相了解，是十分有效的沟通手段。要学会"在工作中沟通，在生活中交流"。一些集体活动有机会一定要参加，比如聚餐、郊游之类。没有机会要创造机会，比如新员工新到团队，为尽快认识大家，拉近关系，可以小范围约请其他团队成员等。

五是常树典型。对每年各类评比、劳动竞赛中优胜者、平时重大危急工作中涌现出的好员工，每个人都应该发自内心地积极向其他人传播他们的光荣事迹。而作为团队中的优秀成员，应该主动与他人谈心得体会，面对面与大家交流，让大家都能够被其精神感染，形成先进示范效应。

六是常作引导。要营造团队良好的人际关系，领导者务必提升管理技巧，作好表率带好头，在团队中建立和谐共处、相亲相爱的氛围。对于在工作中表现优秀的员工，管理者要给予肯定或是物质表扬。对于工作比较吃力的员工，同样要经常给予鼓励，引导他们怎么去做。使人人都能受到领导的关注、引导。作为管理者应该控制好自己的情绪。每位员工的情绪是多变的，他们工作已经很枯燥无味了，如果管理者再次给予情绪上的打击，只会起到不好的效果。如果管理者控制不好自己的情绪，对于团队的建设是没有好处的。

和谐的团队氛围是靠团队中每个人共同努力创造出来的，并不是员工或是团队管理者单方面就能够做到的。只要大家齐心协力，共同为建立一个和谐的团队氛围而努力,做到互敬互爱,那么这个团队就一定能够在一片祥和的氛围中稳步前行。

合作共赢,形成"命运共同体"

合作文化的核心当然是合作。而团队合作,有比其他的合作更为有利的基础。因为团队的利益是成员共同的利益,所有团队成员就是一个"命运共同体",同进同退、同盛同衰,只有大家齐心协力、团结合作,才能使团队利益最大化,从而也使个人的利益最大化。所以,团队合作,是比较容易的。因为团队与大家,是"一荣俱荣、一损俱损"的关系,如果不能为团队着想,不能通力合作,那么就只会"同输",难以"共赢",这是非常浅显的道理。

>>>>>>>>>>>>>>>>>>>>>>>>>>>>>>>>>

南方某电器设备厂因原料供应商车间出了事故,而使原料供应推迟了半个月,为了使合同内容能够如期完成,厂领导决定实行三班制,争取在合同期内完成产品供应。这时有的员工就出来说话了:"我身体不好,不能加夜班。""我孩子小,晚上不能没有人照顾。""我不赚这个加班费,也不受这个累。"由于人手不够,厂里只得实行两班制,取消了夜班计划。最后电器厂没有按期交货,货主按照合同规定,扣除了相当一部分违约金,厂方受到损失,使得奖金福利的额度大大减少。直到此时,这些拒绝团队合作的员工才知道后悔。

团队，就是一个命运共同体。离开了团体，个人的优势也无从谈起，所以在做任何事时都该从团体的大局出发，凡是有利于团体的事就要主动、认真去完成它，力求做得好一点，快一点。要深刻明白"一荣俱荣，一损共损"的道理，要有"我为人人，人人为我"的思想，凡是团队的事情千方百计把它做好，切不可错失良机，损害团队利益。

要合作共赢，真正塑造"命运共同体"，团队成员要从以下方面做起。

(1) 培养做事主动性

每个团队中的成员按照工作状态都可以分为四类：第一类是饱含激情、有创造性地开展工作的人，称为"人财"；第二类是工作积极主动、充满热情的人，称为"人才"；第三类是团队安排干什么就干什么的人，称为"人材"；第四类是"做一天和尚撞一天钟，混日子"的人，称为"人在"。四类人的区别就在于是否具备主动工作的意愿或主观能动性。在通常情况下，团队中普遍以第三类人居多，这一类人支支动动，拨拨转转，只能算是听话的成员，很难成长为一个好成员。而真正能够对塑造团队合力起到重要作用的人，一定是第一类人或第二类人。因此，如果希望自己能够受到团队的器重，能够在塑造团队合力的过程中起到重要的作用，那么就首先去培养自己做事的主动性。

(2) 培养敬业精神

团队成员都必须有敬业精神，才能把团队布置的工作当成自己的事，才能有责任心，发挥自己的聪明才智，为团队的目标而努力。作为团队的一员，个人的荣辱兴衰与团队、集体是连在一起的。这就要求每一个人，有意识地融入到团队之中，并且想方设法完成好个人承担的任务，养成不论学习还是工作，干什么事都认真对待的好习惯。

(3) 培养合作精神

在团队中工作自然不可不培养合作精神，一个人的价值只有在集体和团队中才能得到体现。而培养合作精神，有两个问题需要解决：一是忽视与人合作；二是不会与人合作。忽视与人合作，就会出现不合群的现象；而不会与人合作导致的后果可能更严重。如果团队形不成合力，工作就会缺乏战斗力。所以，合作品质的培养十分重要。

学会与人合作，一要主动与人协商，当自己的想法与别人不一致时，多沟通、交流，不能固执己见。俗话说，"最美丽的表达是倾听"，如果希望更好地与他人合作，最基本的一点就是要多参考团队伙伴的意见。

二要有宽容心。宽容有时候比严厉的力量更大，是一种有效的沟通手段。正确看待团队中每一个人的长处和优点，特别是多看别人的长处，多看别人优秀的一面，不刻意地挑别人的毛病。

三要对团队成员有足够的尊重，"扬善于公堂，归过于私室"，这是中华文化关于为人之道的至理名言。在对待同事错误时，要控制自己的情绪，避免措辞严厉的批评，特别是当众批评，否则，不仅严重地伤害了对方的自信心和自尊心，影响其日后的工作心态，而且也会影响到自身在对方心目中的个人形象和魅力。同样，多一些表扬特别是公开的肯定，会使同事心里阳光一片，特别是领导者表达的对团队成员的欣赏，能体现其虚怀若谷、海纳百川的风范，这是人际交往的需要，也是团队和谐的基础。

四要真诚。每个员工都应该明白，能否在团队中实现与他人的合作，能否利用团队合力来帮助自己更好地完成工作，往往不取决于年龄、学历或曾经的工作经历，甚至不取决于今天的工作能力。成功的合作往往取决于态度，真诚的态度是建立合作最好的桥梁。有些员工在团队中与他人合作时，总是一门心思想自己能从合作中得到什么益处，自己如何在合作中占尽便宜，往往忽略了他人的利益。这样的合作方式可能能够一时得到好处，却不可能长远。真诚合作必须站在对方的立场考虑问题，能够在合作过程中关心他人利益，替他人着想。了解合作对象的特点，能够以最适合彼此的方式进行合作，必然会使合作更愉快。倘若连对方最基本的工作方法、特长和喜好都不了解，合作过程中难免会产生误会。例如，对方明明擅长细致的工作,但是却在一定程度上缺乏创造力,而我们非要在合作中让对方负责开拓创新方面的工作,自己去做需要仔细耐心的工作。这只会让对方认为是故意刁难,缺乏诚意。所以"用其所长"也是合作的诀窍之一。有真诚合作的态度,就能收获同样的合作诚意,这样必然会使合作成为自然,团队合力也会倍增。

(4) 培养全局观念

团队精神提倡个性张扬,但个性必须与团队相一致,团队每个成员,都必须有整体意识、全局观念,考虑团队的需要。团队的每个成员都要互相帮助、互相照顾、互相配合,为集体确定的目标而努力奋斗。工作中出现了问题,遇到了难处,团队每个成员都要主动地想办法,帮着解决,决不能等着看笑话、扇凉扇。任何时候、任何事情都不能只考虑自己的需要而不关注别人的感受。要把团队的成绩和自己的荣辱紧紧地联系在一起,在团队发展中成为受益者。

团队就是一个命运共同体,与员工息息相关,所以竭诚合作是最好的选择。与团队或企业同命运不能只是一句空洞的口号,要体现在具体的行动中。比如团队面临困难,企业出现危机,如何选择就是最好的考验。有团队精神、懂得合作共赢的员工,都不会轻易舍团队而去,而是会与企业、与团队同舟共济。也只有与企业同甘共苦,共同经历风雨,把个人前途与企业未来紧密相连,树立高度的主人翁意识,坚守合作共赢理念的员工,才是团队最可靠的力量。

⑥ 加强自我和谐，以自我和谐带动企业和谐

建设合作文化，首先需要和谐的工作氛围。而一个组织要和谐，首先是这个组织的每个元素自身的和谐，就是自己与自己的和谐。没有个人自身的和谐，也就没有组织的和谐。员工自身和谐是团队和谐的基础，一个人只有自身和谐了，外界对他才会和谐。所以员工自身的和谐是创建团队和谐气氛最关键的部分。

自我和谐是指个体在社会环境中保持的一种心身协调、行为合适的状态。也就是指人通过自身的不断调整，使内心活动处于平衡和谐的状态，即失败时不气馁，振作精神力争反败为胜；胜利时不会昏了头脑，可以冷静思考以利今后再战；穷困时不失志，艰苦努力发愤图强；富裕时不骄奢，继续创业多做贡献。因为人的一生，既有顺利的时候，也有挫折的时候，既有高潮，也有低谷，上上下下，起起伏伏，心态容易出现波动甚至失衡，这就要及时调整，使之自我和谐，以适应变化着的环境。人的自我和谐，对于促进人与人、人与社会、人与自然之间的关系至关重要。一个人自我和谐的程度越高，就越能保持良好心态，积极地接纳自我，有效地控制自我，较好地适应环境。

自我和谐是一种境界，一种情操，更是一种态度。实现自我和谐的过程，是一个人不断提高思想觉悟，加强道德修养的过程，是不断改造世界观、人生观、价值观的过程。实现身心和谐关键在培育、建立健康和谐的心态。培育平常心、进取心、宽容心、责任心和服务心是构建健康和谐心

态的重要内容,也是实现自我和谐的主要途径。

员工要实现自我和谐,要努力提升以下几个方面的素养。

(1) 认识自己

认识自己,就是要看清自己的长处,也看清自己的短处,不自卑不自贱也不自傲猖狂,客观、公正地看待自己。此外,还需要认清自己在团队中、在企业中的位置和角色。只有找准自己的位置和角色,明确自己的责任与权利,积极主动配合他人行动,才能得到他人的配合与支持,才能创造团队的和谐。

(2) 学会调节自己的心态

常言说,心态决定状态。有一个良好的心态就能使自己的心更大。心有多大,舞台就有多大,心大到能包藏宇宙,人就可以纵横驰骋天地间。所以团队成员要修炼自己的心态,让自己胸怀广大,有容人之心,包容之量,旷达大度,不拘泥于小事,从而与同事、与伙伴、与上司、与下属和睦相处。

大度是一种心境,一种心胸,一种魅力,一种修养。跟大度的人一起工作,始终都会觉得舒心顺气,任由天性伸展,合作也会更加顺畅。所以大度是形成和谐人际关系、和谐周边环境、和谐生存条件的重要前提。虚怀若谷,大肚能容,宰相头顶堪走马,公侯肚内好撑船,有这样的心胸,跟什么样的人都能通力合作,都能和谐共处。

(3) 学会坚强

一个能够自我和谐的人肯定是善于面对困境的人,是不会轻易被困难打倒的人,是一个坚强面对生活的人,更是一个善于因势而变、随势而动,走出困境的人。

有一天某个农夫的一头驴子,不小心掉进一口枯井里,农夫绞尽脑汁想办法救驴子,但几个小时过去了,驴子还在井里痛苦地哀嚎着。最后,这位农夫决定放弃,他想这头驴子年纪大了,

第七章 弘扬企业合作文化：团结一心构建一流团队

不值得花费太大代价把它救出来，不过无论如何，这口井还是得填起来。于是农夫便请来左邻右舍帮忙一起将井中的驴子埋了，以免除它的痛苦。

农夫的邻居们人手一把铁锹，开始将泥土抛进枯井中。当这头驴子了解到自己的处境时，刚开始叫得很凄惨。但出人意料的是，不一会儿这头驴子就安静下来。农夫好奇地探头往井底一看，出现在眼前的景象令他大吃一惊：当抛进井里的泥土落在驴子的背部时，驴子的反应令人称奇——它将泥土抖落在一旁，然后站到了泥土堆上面！

就这样，驴子将大家抛在它身上的泥土全数抖落在井底，然后再站上去。很快地，这头驴便得意地上升到井口，然后在众人惊讶的表情中快步地跑开了。

<<<<<<<<<<<<<<<<<<<<<<<<<<<<<<<<<<<<<<<<

在生命的旅程中，有时候我们难免会陷入"枯井"里，会有各式各样的"泥沙"倾倒在我们身上，而想要从这些"枯井"脱困的秘诀就是：将"泥沙"抖落掉，然后站到上面去！人生必须渡过逆流才能走向更高的层次，最重要的是永远看得起自己，面对困境时选择坚强，选择应对。这样的人，必然能带给周围所有的人更多的正能量，鼓励周围更多的人也一样坚强起来，乐观起来，让周围的环境也随之和谐起来。

(4) 自我完善

自我和谐其实是对员工自身的一种高要求。只有不断地完善自我，才能实现自我和谐。只有一个身心健康的人，才有可能实现自我和谐、与他人的和谐、与组织的和谐、与社会的和谐，才有可能成为一个和谐型的员工，带来团队的和谐。

第一，完善自己要懂得爱岗敬业。敬业就是对自己的事业心怀崇敬，热爱并珍惜自己的事业。敬业的员工把事业作为天职，作为信仰，认为工作是生命的支柱，是用生命去做的事情，时刻专注自己的事业而不被杂事所干扰；对工作心怀感激，热爱自己的工作，全力以赴地工作，接受工作的全部，甘愿做，喜欢做。比如，超额完成工作；从不在工作时间做私事；工作有激情，非常勤奋，从不懒散，不拖拉，一切以业绩为导向；让工作成为一种兴趣，在工作中获得愉快，带着热情多做一些，出色地完成每一项工作；用业余时间研究与工作有关的信息。这样的员工乐于与团队共命运，并从团队的发展中获得自己的发展。

第二，完善自我要学会自动自发。这是一种主动工作的精神，主动性是优秀和平庸的分水岭，主动工作的主要表现有：主动进取，追求完美，自我激励，目标明确，勇于行动，循序渐进，坚持不懈；全方位主动工作，认真对待每一件事情，站在领导的角度思考问题，永远想在老板前面；持续不断地思索工作中存在的问题，主动提出改善计划，主动处理出现的问题，主动填补模糊地带的工作；兢兢业业，恪尽职守，坚决执行；不满足于尚可的工作表现，成为自己工作领域的专家；主动帮助别人；不让借口成为习惯；主动汇报工作进度，永不拖拉和逃避，决不轻言放弃等。主动的最高境界就是能创造性地完成任务。这样的员工工作起来有较高的主动性，当工作的主人，做应该做的事，不用别人交代，将困难一肩担起，不把问题留给他人，化消极被动为积极主动。这样的员工无疑会成为团队的中坚力量，引领团队越来越兴旺。

第三，要完善自我就需要不断学习，勇于负责。学习是一切本领的起点。只有不断学习才能不断进步，才能紧跟时代，才能负起责任。承担责任是最基本的职业精神，一个人的成功，与一个企业和公司的成功一样，都来自追求卓越的精神和不断超越自我的努力。清楚责任，让履行责任成为习惯，在其位就要谋其事，承担责任，把工作当事业，是自我完善的重要内容。对自己的工作负责，踏踏实实地把事情做好，在工作中不说不知道，树立责任止于我，我对结果负责的理念。不为失败找借口，只为成功找方法。不为错误找借口，找借口是失败的根源之一，为自己找借口的人永远不会进步。

(5) 做到自我与团队的和谐

团队合作是企业内部共创价值的具体要求,团队合作的目的就是创造"1+1>2"的企业整体价值最优。因而仅仅自我和谐还不够,还需要带动团队和谐。要牢固树立团队一盘棋的大局意识,没有团队的成功,就没有个人的成功。忠于团队,团队利益高于一切。提倡共同创造、共同进步、甘于奉献的团队精神。切实把本岗位、本部门当成企业的一个部件、一个环节,认真做好本职、本部门的工作,并敢于承担责任。

自我和谐是企业和谐的基础。只有自我先和谐了,才能做到与他人的和谐,与团队的和谐,与工作的和谐,与企业的和谐,才能真正从思想上、行动上、境界上都和谐起来。一个身心健康、内心充实、好学上进、主动积极的员工,一定是一个自我和谐并带动团队和谐的好员工。如果团队中每一个成员都具有自我和谐的能力,那么这样的团队也必然是一个和谐的团队,一个团结合作、同心奋进的团队。

第八章 推行企业创新文化：让每一个员工都成为企业创意先锋

如果说创新是企业发展和强盛最强大的动力的话，那么创新文化则是企业持久兴旺的灵魂。创新文化是企业创新的原动力，是员工创新的热土地。创新文化所营造出来的浓厚的创新氛围和良好的创新风气，会极大地激活企业创新细胞，释放员工智慧潜能，让企业呈现出人人创新的勃勃生机。

① 激活企业创新细胞，人人都是创意先锋

创新是人类进步的灵魂，创新也是企业发展的捷径，创新更是个人发展的助力器。在当今这个竞争激烈变化迅捷的时代，一个不懂得创新的企业就不会有明天和未来，它只会死气沉沉并最终消亡，留不下丝毫痕迹；一个不懂得创新的团队，只会是一个墨守成规、停步不前、毫无生机的团队；一个不懂得创新的员工也不可能有辉煌和成功，他只会循规蹈矩、死守岗位、故步自封、不思进取，最终会惨遭淘汰。

在这样的时代，创新是前进的驱动力，是企业活力的来源，也是员工成功的必由之路，特别是在当前"大众创业、万众创新"的时代。创新文化的建设也就理所当然成为企业的必然选择。因为创新文化是企业创新的原动力，是员工创新的热土地。创新文化所营造出来的浓厚的创新氛围和良好的创新风气，将极大地激活企业创新细胞，释放员工智慧潜能，让企业呈现出人人创新的勃勃生机。

创新文化建设对于企业发展的重要功能，与企业文化一样，主要表现在四个方面。

一是导向功能。通过创新文化建设，能够引导企业全体员工把自己的智慧和力量，统一到企业文化确定的方向和企业发展战略明确的具体目标中来；

二是凝聚功能。通过创新文化建设，能够围绕确定的创新目标，将企业内全体员工的心凝聚在一起，吸引更多的人以各种有效的方式和途径，

第八章 推行企业创新文化:让每一个员工都成为企业创意先锋

积极支持、参加创新工作,推动企业发展;

三是激励功能。通过创新文化建设,能够梳理、规范企业关于创新的制度规定,明确奖惩激励制度,从而更好地调动员工在工作中积极创新,锲而不舍,为实现创新目标而团结协作、拼搏进取;

四是约束功能。通过创新文化建设,使企业员工更好地学习、理解企业文化中关于核心价值观、行为规范的约束,自觉按创新文化的要求规范自己的行为。而其中最重要的功能是导向功能。这一功能使企业迸发出创新的活力,引领和促使更多的员工加入到创新的大军中来,人人都成为企业的创意先锋,从而激活企业创新细胞,激发出企业无尽的创新活力,打造名副其实的创新型企业。

那么,如何激活企业的创新细胞、让每一个员工都成为创意先锋呢?下面这些方法可以借鉴。

(1) 鼓励创新自信,形成"人人皆可创新"的观念

人是创新的主体,要是人员没有创新的积极性,创新的推进就会很难。管理者要想尽办法把全员的创新潜能挖掘和释放出来,形成创新合力。一定要多做工作,全面打破"创新是专家教授的事,普通人做不了"的认识误区,树立搞科研工作是创新,岗位工作同样可以创新的观念,增强全员创新的自信心;走出"普通岗位就是平凡工作,创新无用"的认识误区,树立创新在身边、在岗位,不改进、不创新必然要落伍的观念,增强全员创新的紧迫感。

(2) 鼓励新观点、新想法、好建议

要在企业内部形成广开言路、集思广益的氛围,通过课题讨论、定向征文、搭建网络交流平台、借鉴先进经验联手攻关等形式,鼓励企业全员建言献策。对员工所有的建议,都应郑重对待。员工提出新观点、新想法往往是在工作实践中辛苦探索得出的,是积极参与创新活动的重要表现。如果不加重视,姑且听之,放之一旁,势必会影响员工建言献策的积极

性，扼杀了创新热情。所以要认真对待员工的创新建议和想法，鼓励员工的创新热情。对富有前瞻性、可行性的新观点、新想法、好建议，要制订配套措施，及时进行推广应用，使创新成果尽快产生效益，更能够刺激创新，发挥全员创新的强大能量。

(3) 支持创新，鼓励冒险、容忍失败

支持创新就要容忍失败，创新不是一蹴而就的，而是一个不断失败最终成功的过程。要打消员工"求稳怕乱，担心创新出乱子"的认识误区，鼓励敢想敢做敢冒险，树立创新求胜的信念。要打破"只许成功，不许失败"的老观念，倡导"宽容失败"的创新文化，营造一个鼓励创新、宽容失败的创新氛围。

创新必须要敢为人先，向未知领域挑战。而要闯、要试，就不可能一蹴而就，其间难免会遇到阻滞，遭遇失败。科技项目的失败并不意味着研究过程没有价值，反之，它是改进研究方法、探究新思路乃至发现新的研究领域的契机。只许成功不许失败，只会将创新的可能性扼杀于萌芽期。"以成败论英雄"的惯性思维往往使许多人不敢创新，不愿创新。然而，创新失败是再正常不过的事。因此要宽容失败，允许失败。

对于员工在探索和创新过程中出现的失误，应予以理解、信任和支持，并共同找出问题的症结，从中总结经验和教训，保护好创新的积极性，切忌冷嘲热讽，挫伤员工信心。更重要的是，领导者要勇于承担责任，这是支持创新的重要体现。

(4) 奖励创新行为

企业应当多奖励创新行为。通过奖励认可一个人的创造能力，并鼓励其参与到企业发展之中来。为其职业发展提供更多的机会，可以增加其对工作的兴趣，提高其创造力。同时员工通过企业重奖创新行为，就能清晰地感受到企业重视创新，并且认为创新会获得更多的好处，这样必然会对创新产生更多的兴趣，从而激发创新热情，踊跃投入创新。越是重奖创

第八章 推行企业创新文化：让每一个员工都成为企业创意先锋

新、认可冒险，越能让员工感受到创新优势，激发创造激情。

（5）创造宽松的工作环境

心理研究表明，只有在自由和心理安全的情况下，人们的创造性思维才会畅通无阻地发挥，所以应当使企业的工作气氛更加自由和宽松。对于创新型人才，不必机械、刻板地要求上下班时间或是形式上的严格。对于创新人员来说，越是自在、自主越能自律，也越会表现出更多的积极主动性，也才有可能产生不同寻常的观点和想法。

（6）激发创新激情

没有激情的工作是单调而乏味的。对于很多人，特别是企业家和内部创业者来说，拥有激情就像是呼吸一样容易。但是有很多人的激情是需要外部刺激和条件激发的。企业要想尽办法最大限度地调动大家的创新激情。要在内部营造崇尚创新、人人创新、尊重创新、鼓励创新的良好氛围。建立健全创新责任机制，结合绩效管理考核，建立科学有效的创新管理目标责任制，以目标取向统一思想、形成合力，调动大家的创新激情。使每个岗位成为创新的阵地，每位员工担负创新的责任，提出有效的创新点子和建议。建立公平竞争氛围，完善鼓励创新的机制，营造良好的创新环境。让那些敢创新、会创新、能创新的人受尊重，让想干事的人有事干，让能干事的人有舞台，让干成事的人有位置。全面激发创新热情、挖掘创新潜力、规范创新行为、唱响创新的主旋律。

通过这些措施，员工创新热情会大大提高，企业内部的创新活力也会被全面激发出来，企业创新将会呈现出一片欣欣向荣的景象。

这正是建设创新文化所要达到的目标之一。创新文化就是要激活企业的创新热情，撒下创新种子，让每一个员工都自觉主动地投入到创新之中，成为企业的创意先锋。在创新文化的引导下，企业为员工创造更好的创新环境，员工主动积极地投入到创新中来。自动自发地挖掘自身的创新潜能，发挥自己的聪明才智，不仅是为企业发展做贡献，更是为自己的未来奠基。

② 鼓励岗位创新，创新文化是岗位创新的土壤

创新文化，其实质是鼓励创新的文化。创新文化是一种培育创新的文化，这种文化能够唤起一种不可估计的能量、热情、主动性和责任感，来帮助组织达到一种非常高的目标。创新文化能引发几十种思考方式和行为方式，在公司内创造、发展和建立价值观和态度，能够唤起涉及公司效率与职能发展进步方面的观点和变化，并且使这种观点与变化得到接受和支持，即使这些变化可能会引起与常规和传统行为的冲突。创新文化是以一种初始方式，在某一特定时期为了满足创新思想数量最大化的需要而培育的一种行为模式。创新文化是组织内一种奖励创新和鼓励冒险的文化，这种文化能够激励和奖赏杰出工作者，对于快速变化的环境、突然出现的危机和突发情况迅速作出反应。

创新文化的重要作用，就是引领企业所有的员工共同创新，就是为企业营造良好的创新氛围，创造良好的创新条件和环境，鼓励员工创新，鼓励岗位创新，把企业变成最适宜创新的土壤，让更多的员工投入到创新中来。

对于员工来说，创新文化创造的是生机勃勃的创新氛围和得心应手的创新环境，真正的创新，要靠自己勇往直前，大胆开拓，努力奋进，立足于自己的岗位，把自己的岗位变成创新的舞台，真正创出成果。

岗位就是员工创新的舞台，每个岗位都是创新的阵地，都有着很大的

第八章 推行企业创新文化：让每一个员工都成为企业创意先锋

创新空间。不论什么样的岗位，无论怎样平凡的岗位，都可以发明和创新。立足于自己的岗位，把"岗位创新"作为改进工作、提升业绩的一个突破口，每一个职工都可以创新，都可以创造辉煌。

>>>>>>>>>>>>>>>>>>>>>>>>>>>>>>>>>>>>>>>

一汽大众公司钣金维修工王洪军，在自己的岗位上不断创新进取，创造发明，发明了很多实用的小工具，改进钣金工艺技术，不仅为企业创造了巨大的经济效益，也让自己走上了国家科技表彰大会的领奖台，获得了国家科技进步二等奖。

王洪军在自己的岗位上，共发明制作了47种2000多件工具，满足了多种车型各类缺陷的修复要求，使整车质量、生产效率都有了很大提高。在发明制作工具的同时，他又创造出了47项123种非常实用又简捷的轿车车身钣金整修方法，并整理出版了《王洪军轿车车身维修调整方法》一书。几年间，企业用王洪军的工具和修复法所创造的直接经济价值，就高达3400多万元。在一汽，除了钣金维修技术，王洪军的展车制作技术也让外国专家折服。几年间王洪军共制作展车近200台，为公司节约费用700多万元。

同样获得过国家科技进步二等奖的宝钢技工王军，用20年的时间完成了从一名普通劳动者到工人专家的身份转变。在王军的手中，已有50多项专利获得国家专利局的受理和授权。仅他负责并获得国家科学技术奖的"高强度全密判热轧矫直机支承辊技术"项目，就打破了依赖进口或仿制外国产品的局面，通过技术转让先后在许多企业推广，三年创造直接经济效益1.6亿元。

<<<<<<<<<<<<<<<<<<<<<<<<<<<<<<<<<<<<<<<

创新文化的实质就是要让每一个员工"立足本职岗位，努力创新工作"，创新文化就是为员工创新搭好舞台，创造条件，营造氛围，鼓励员工创新，鼓励岗位创新。员工在自己的岗位上，通过自己的实践和研究，

发明创造改进生产工艺、技术或设备，获得创新成果，这就是岗位创新。岗位创新是企业创新的重要内容，也是每一位员工积极参与创新活动、培育创新型潜能的最好途径。

岗位创新并不是只有特殊的岗位才可以，而是所有的岗位都可以创新，并且都可以结出丰硕的创新成果。不要以为自己岗位平凡，没有什么可以创新的。其实，只要你敬业勤奋，再简单再平凡的岗位都可以开出美丽的创新之花。如果每一个岗位、每一个员工都投入到创新中来，企业的创新文化也会得到很好的推进。

换句话说，企业推行创新文化建设，鼓励岗位创新，可以有效地激发员工的创新热情，让企业呈现出创新进取的勃勃生机；但同时，岗位创新热潮涌起，员工在自己的岗位上积极创新，努力奋进，同样会极大地促进创新文化的提升，使创新文化达到一个全新的境界。从这个意义上来说，创新文化是员工岗位创新的土壤，而员工创新正是创新文化结出的硕果。

③ 制订创新文化机制，保障创新推进

创新文化是指与创新活动相关的文化形态，是在一定的社会历史条件下，企业在创新及创新管理活动中所创造和形成的具有本企业特色的创新精神财富以及创新物质形态的综合，包括创新价值观、创新准则、创新制度和规范、创新物质文化环境、创新观念等多个方面，这些都是创新文化的内容。

创新文化反映了社会对创新的态度，这种态度体现为一种价值取向，

第八章 推行企业创新文化：让每一个员工都成为企业创意先锋

映现了社会是否对新思想、新变革容许、欢迎乃至积极鼓励。激发创造力是创新文化建设的目的。鼓励创新的价值观念是创新文化的核心，而相应的体制机制则是创新得以广泛开展和持续进行的保证。因此，要保障企业创新的推进，就要制订和完善创新文化机制。

创新文化的体制机制包括内部的评价、荣誉、竞争、成果共享等各项制度和规则，创新活动最重要的科研环境和保障机制，调节着创新资源的配置，引导着创新主体的价值取向，规定着相应的评估标准和激励方式。完善企业创新文化机制，主要从以下方面做起。

(1) 打造创新文化

员工在企业中工作和成长，要让员工主动创新、乐于创新就要在企业内部营造一种尊重知识，推崇创新的企业文化。从企业领导的角度来讲，可以强调人才，尤其是创新型员工对企业发展的重要性。对为企业做出突出贡献的创新型人才给予公开的表彰和奖励。管理者要以身作则，不断学习，关注企业所在领域的技术进步，鼓励员工共同学习，相互交流，打造一个学习型企业。另外，管理者还应该着眼于企业人际环境的优化。因为只有在轻松愉悦的工作环境中，员工才有更多的时间和情绪去钻研业务，才有更大的勇气去探寻知识。

进行企业创新文化建设要提倡全体员工积极参与，因此要培养其主体意识，着重从两方面入手：第一是参与意识，员工应关心企业发展，参与企业管理，企业对员工的建议应及时、正确地接纳和反馈，避免不同部门之间互相推诿，这样员工才会对企业产生归属感，并勇于承担责任。第二是独立意识，员工能够自由迅速地就某些职责范围内的事情做出决定，并对所做的决定负责，实现企业的长远利益与个人价值相结合。企业充分尊重每个人实现自我价值的意愿，在企业长远发展的前提下，尽可能为每个员工提供发展的空间。

（2）建立和完善创新人才机制

任何企业创新活动都是创新人才思想火花的结晶，企业创新文化就是要吸引与培养创新人才，让创新人才脱颖而出，这样才有利于创新效率的提高和创新成果的取得。企业创新人才的开发是一个系统工程，其中包括人才观念、人才选拔、人才评价、人才培训、人才使用、人才激励等各个环节。企业要牢固树立"以人才为中心"的观念，真正做到尊重人才、发现人才、培训人才、开发人才；创新人才的选拔必须以知识为标准；创新人才的评价，不仅仅是学历、职称，更重要的是人才内在素质的要求；创新人才的培训必须终身化，企业要建立人才的知识更新机制，了解同行业培训教育发展趋势、最新方法，制订近远期培训规划，对各类人才通过不同的方式进行再教育，使人才不断学习和掌握世界最先进的科技知识，保持较强的竞争实力；创新人才的激励必须具体化，要精神激励和物质激励相结合。

（3）加强企业创新环境的建设

企业创新环境的建设包括硬环境建设与软环境建设两个方面：硬环境建设主要是指建设创新工作赖以进行的各种物质条件，如创新所需的工具、设备、仪器，创新试验的条件，创新资料，信息沟通和管理方式与手段，工作场所及生活环境等；软环境即企业内的创新氛围，主要是指一种对创新的无形推动与激发的力量。因为大多数人愿意在有情趣、有事业目标和创新气氛的环境中工作，而不仅仅满足于完成例行工作。所以企业创新环境的建设对于企业的发展也至关重要。

（4）培养员工的创新能力

创新能力的培训既要面向刚刚入职的新员工，也要面向有多年工作经验的老员工。企业对员工提供针对本企业专业知识和技能的培训能更有效地培养出能为企业所用的创新人才。用学习、讲座、视频等方式让员工了解当前先进的技术和理念，定期组织适当的竞赛活动，巩固学习成果，及

第八章　推行企业创新文化：让每一个员工都成为企业创意先锋

时发现问题。除此之外，企业还可以考虑组织一系列有针对性的训练，如户外拓展训练，包括一些富有挑战性的体育运动。在锻炼过程中，为员工制造困境，要求员工找到最佳的解决方案。这种体验，可使得员工认识自我，改变墨守成规的行为方式，培养创新意识。除了这两种训练外，还可以通过角色扮演、案例研究、行为示范等方法给员工提供更多有助于激发创新能力的实践机会。

（5）完善创新激励机制

要让员工持久地保持学习和创新的精神，除了鼓励和引导，合理的制度激励也是必不可少的一环。在员工的物质待遇上，要把其创新成果与工资奖金水平挂钩，对员工的合理化创新予以重奖，同时与员工的绩效考核紧密联系，优秀者将享受到晋升的待遇，拥有一个广阔的职业发展空间。在精神层面上，管理层要重视与员工的沟通和交流，给员工提供表达自己观点和想法的机会并合理地采纳员工的意见和建议。让员工切身感受到自己的新思想能引起公司的重视，能得到公司的欢迎并为公司带来效益。即使建议最终被拒绝，也是建立在公司广泛征求民意、全面探讨、认真考虑的基础之上的，而不是被忽视或盲目轻率地拒绝。这样，员工才有激情创新，创新思维才能真正活跃起来。另外，从组织制度的角度来讲，创新型企业的管理层级应该相对较少，便于上下级的随时沟通，而且管理者应当适当地授权，让更多的员工参与企业决策，从而关注企业发展，调动他们的积极性，主动投入创新之中。

创新型人才一般都希望自己的能力能够得到充分的发挥，自己的工作能够得到企业的及时认可，在事业上有成就感和满足感。因此，我们需要建立一套完整的员工绩效评估体系，及时对创新型人才的工作进行评价，并给予必要的奖励。

企业需要建立高效的创新文化，而完善的创新文化体制无疑是推进创新的首要保障。企业要大力营造创新文化氛围，解放员工的想象力、创意力和思想力，并通过实践创造更大价值；还要建立创新激励机制，从组织协调、人才培养、考核奖惩等方面以制度引导、激励和规范员工行为，形成完善的创新激励、创新评价、成果转化机制，以激发创新活力，为企业创新文化建设服务，促进企业的创新活力。

④ 引进创新方法和技巧，提高员工创新素质

锻造企业创新文化，核心当然是创新。创新是需要方法和技巧的。因而企业要引进先进的创新方法和技巧，并在企业内部开展全面教育和培训，全面提高员工的创新素质，让每一个员工都拥有"会创新、能创新、敢创新"的能力，创新文化才能真正落地。创新方法和技巧一般有以下内容。

（1）展开"幻想"的翅膀

在思考过程中，如果没有想象的参与，思考就会发生困难。特别是创造想象，它是由思维调节的。爱因斯坦说过："想象力比知识更重要，因为知识是有限的，而想象力概括着世界的一切，推动着进步，并且是知识进化的源泉。"爱因斯坦的"狭义相对论"就是从他幼时幻想人跟着光线跑，并能努力赶上它开始的。世界上第一架飞机，就是从人们幻想造出飞鸟的翅膀开始的。幻想不仅能引导我们发现新的事物，而且还能激发我们做出新的努力、探索，去进行创造性劳动。

（2）运用逆向思维法

逆向思维即反向思维，即对常见的、似乎已成定论的事物或观点"反

第八章 推行企业创新文化：让每一个员工都成为企业创意先锋

其道而思之"，从问题的相反面进行深入探索。

实际上，对于某些问题，尤其是一些特殊问题，从果往因推往往可能会使问题简单化，使问题的解决变得轻而易举，甚至因此创造出意想不到的效果。根据思考问题角度的不同，逆向思维法可以分为以下几类。

一是反转型。即从已知事物（事物的功能、结构、因果关系等）的相反方向思考，发现创新构思的途径。例如，传统的破冰船都是依靠自身的重量来压碎冰块的，因此船的头部都采用高硬度材料制成，而且设计得十分笨重，转向非常不便，所以这种破冰船非常害怕侧向漂来的流冰。苏联科学家运用逆向思维法，变向下压冰为向上推冰。新的破冰船不仅节约了许多原材料，而且不需要很大的动力，自身的安全性也大为提高。遇到较坚厚的冰层，破冰船就像海豚那样上下起伏前进，破冰效果非常好。

二是转换型。即在研究某个问题时，当发现解决问题的一种手段受阻，就转换角度思考，去寻找另一种解决手段，以使问题顺利解决的思维方法。例如，司马光砸缸的行为就是转换思维方向的结果。因为一般人在遇到如何从水缸里救人这样的事时，都是从"如何使人离开水"这个方向想，而司马光却想到了"如何使水离开人"，用石头砸破水缸，水流光了，人也就被解救出来了。

三是缺点利用。即将事物的缺点进行合理利用，变被动为主动，化不利为有利。需要指出的是，该法不是以克服事物的缺点为目的，而是将缺点化弊为利，寻求问题的解决之道。例如，金属具有易腐蚀的特点，但人们将这一缺点进行合理利用，像金属表面电镀方法的应用，就是缺点利用思维法的范例。

（3）培养发散思维

所谓发散思维，是指倘若一个问题可能有多种答案，那就以这个问题为中心，思考的方向往外散发，找出适当的答案越多越好，而不是只找一个正确的答案。人在这种思维中，可左冲右突，在所适合的各种答案中充分表现出思维的创造性来。

1979年诺贝尔物理学奖获得者、美国科学家格拉肖说:"涉猎多方面的学问可以开阔思路……对世界或人类社会的事物形象掌握得越多,越有助于抽象思维。"比如我们思考"砖头有多少种用途"。我们至少有以下各式各样的答案:造房子、砌院墙、铺路、刹住停在斜坡的车辆、当作锤子使用、压纸头、代尺划线、垫东西、搏斗的武器……

(4) 发展直觉思维

所谓直觉思维是指不经过一步一步分析而突如其来的领悟或理解。很多心理学家认为它是创造性思维活跃的一种表现,它既是发明创造的先导,也是百思不解之后突然获得的硕果,在创造发明的过程中具有重要的地位。

> 物理学上的"阿基米德定律"是阿基米德在跳入澡缸的一瞬间,发现澡缸边缘溢出的水的体积跟他自己身体入水部分的体积一样大,从而悟出了著名的浮力原理。又如,达尔文在观察到植物幼苗的顶端向太阳照射的方向弯曲时,就想到了它是幼苗的顶端因含有某种物质,在光照下跑向背光一侧的缘故。但在他有生之年未能证明这是一种什么物质。后来经过许多科学家的反复研究,终于在1933年找到了这种物质植物生长素。

直觉思维在学习过程中,有时表现为提出怪问题,有时表现为大胆的猜想,有时表现为一种应急性的回答,有时表现为解决一个问题时,设想出多种新奇的方法、方案等。为了培养我们的创造性思维,当这些想象纷至沓来的时候,千万别怠慢了它们。青年人感觉敏锐,记忆力好,想象力极其丰富,在学习和工作中,在发现和解决问题时,可能会出现突如其来的新想法、新观念,要及时捕捉这种创造性思维的产物,要善于发展自己的直觉思维。

第八章 推行企业创新文化：让每一个员工都成为企业创意先锋

（5）展开联想思维

联想思维有接近联想、无意联想、相似联想、连锁联想、对比联想、飞跃联想等。

接近联想——空间或时间上相互接近的事物之间的联想。

无意联想——事前不自觉的、没有明确目的的想象。人们常常在注意力不集中或半睡眠状态时，由于客观事物的某些外形特点而进行无意识联想，这是一种最初级、最简单的联想方式。

相似联想——对性质或形式相似事物之间的联想。如从铅笔想到钢笔，从数学书想到语文书等。

连锁联想——从一点出发，环环相扣，从现有的联想引发新的联想。

对比联想——即相反的联想，是对于对立事物或特征相反的事物之间的联想。

飞跃联想——对于表面上看似没有任何联系的事物之间的联想。

联想思维训练首要的一条是要"敢于想"。人只有"敢于想"，才能将自身的想象力发掘出来。人类无限的想象力为科学进入未知领域提供了原动力，因此我们要敢于想象，敢于"异想天开"。

第二是要"能够想"。想象力是开启知识宝藏的钥匙，人的想象力的深度和广度是由知识和经验的多少决定的。因此我们要不断丰富知识面，扩大视野，为产生科学的想象提供坚实的基础。

第三是要"善于想"。只有跳出传统观念、书本、名言、经验的条框限制，想象力才会不受约束地自由飞翔。

科学的联想变成实际行动，就会转化成让人欣喜的科学成果。以前人们研究潜水艇的前行速度时，发现很难再提高，于是人们就想到了海豚。为什么海豚的游泳速度那么快呢？科学家经过研究发现，原来是海豚皮肤的双层管状结构在起作用。根据海豚的组织构造原理，人们对潜艇进行了改进，潜艇的前行速度果然得到了显著提高。

(6) 敢于打破常规

因循守旧，墨守成规，缺少新的思路，缺乏创新精神，只在"守"字上做文章是达不到目的的。现代经济社会的发展日新月异，只躺在原有的基础上睡大觉，终将被历史所淘汰。要想获得成功，就要有创新的精神。

创新的关键就在于打破常规，突破定式，敢于破界，敢想敢做敢挑战。在人们的观念中，西瓜是圆的，然而，国外却开发出了方形西瓜，不易滚动，占据空间小，运输、储存、装卸都方便多了，其独特和新奇当然可以吸引更多的消费者，这就是破界带来的效果。只要破了界，看到的必将是另一个崭新的天地。

别以为我们既不是决策者，也不是精英，就与创新无缘。只要立足自己的本职岗位，找准一个点，将最切合实际的、小小的改进，运用到我们的工作中，也许就能发挥巨大的作用。要坚信：创新不只是精英们的专利，每一个平凡的员工都能创新，只要有打破常规的思维和不怕冒险的精神。

(7) 突破思维定式

有很多时候我们都会因为经验、因为知识、因为思维定式、因为书本、因为眼光等方面而束缚住创新的信念，捆住创新的手脚。

思维定式就是从固定的角度来观察、思考事物，虽然有助于提高解决同类问题的速度和能力。但在遇到新问题的时候，就会无所适从、不知所措，甚至会产生错误的选择。有位警察到森林打猎，他在野兽经常出没的地方隐蔽起来。忽然，一只鹿跑了出来，这位警察立即跳过灌木丛，朝天开一枪，并大喊"站住，我是警察！"这就是思维定式。

思维定式主要包括权威思维定式、从众思维定式、经验思维定式、书本思维定式等。每个人的观念或多或少都会受到权威的影响，人们已经习惯于不假思索地引用权威、专家的观点，这就是权威定式。权威定式不利于习惯性思维，有碍于创新思维。从众定式使个人有归宿感、安全感，在

第八章 推行企业创新文化：让每一个员工都成为企业创意先锋

我们日常生活中多表现为"少数服从多数"。由于中国人惯有"枪打出头鸟"的顾虑，因此习惯于"随大流"，大部分人的行为选择其实都是从众的结果，而很少是经过自己的独立思考。而经验定式则是依赖前人的经验，并形成固定的思维模式，一切照搬照抄，这也会打压创新的精神。书本定式就是人围于书本知识的束缚而放不开思维的翅膀。

如何克服思维定式呢？很简单，就是要经常想到"一切皆有可能"这句话。假如有人问"计算机能煲汤吗？"你一定不要做"荒唐""怎么可能"这样的回答，而是要回答"没问题！"这样的异想天开就是创造性思维，就是创新之源。

> 有位拳师，熟读拳法，与人谈论拳术滔滔不绝，拳师打人，也确实战无不胜，可他就是打不过自己的老婆。拳师的老婆是一位不知拳法为何物的家庭妇女，但每每打起来，总能将拳师打得抱头鼠窜。
>
> 有人问拳师："您的功夫都到哪儿去了？"
>
> 拳师恨恨地道："这个死婆娘，每次与我打架，总不按路数进招，害得我的拳法都没有用场！"

拳师精通拳术，战无不胜，可碰到不按套路进攻的老婆时，却一筹莫展。

"熟读拳法"是好事，但拳法是死的，如果盲目运用书本知识，一切从书本出发，以书本为纲，脱离实际，这种由书本知识形成的固定认识反而使拳师遭到失败。所以，要创新还要勇于突破书本的束缚。

经验定式也要突破。经验可以解决一定的问题，但如果太相信经验，又往往会落进经验的陷阱无法自拔。所以创新最活跃的大部分都是经验不多的年轻的员工。因为他们没有太多经验的束缚，反倒更能激活头脑中的创新思维，拥有更多的想象力和创造力，什么都敢想，什么都敢做，因而更能走出一条新的路来。

怎样才能突破经验定式呢？要有"初生牛犊不怕虎"的精神。初生的牛犊之所以不怕虎，是因为不知老虎为何物，在它脑中没有"老虎会吃掉我"的经验定式。因此见了老虎，敢于本能地用牛角去顶，而这时，拥有"牛见了我会逃跑"这种思维定式的老虎，反倒会不知所措，于是落荒而逃。

某学者以机敏著称。一次他在演讲中不断地有人递纸条上来问问题，其中有一张纸条却只写了"王八蛋"三个字。学者看到后大声地念了出来，台下一下子变得静悄悄的，接着他说："今天提问题的很多人都只问了问题而没有留名，这位听众很奇怪，他只留了名却没有问问题。"台下立即炸开了，掌声如雷，都为他这种别出一格、机敏风趣的回答叫好。

在创新的过程中，就需要学会这种变换视角、换个角度想问题的方法，这样更有助于创新成功。

某公司招聘销售人员时，出了这样一道考题——将梳子卖给和尚。很多人都觉得公司是在存心为难人：和尚没有头发，怎么会用梳子呢？于是打了退堂鼓。只有A、B、C三人愿意接受挑战。

三天后，三人回公司汇报各自的销售成绩。A只卖出一把，B卖出10把，C居然卖出了1000把。他们是怎么做的呢？

A跑了三座寺院，受到了无数次和尚的臭骂和追打，但仍然不屈不挠，终于感动了一个小和尚，买了一把梳子。

B去了一座名山古寺，发现山高风大，很多前来进香的善男信女的头发都被风吹乱了。于是就找到住持，说："蓬头垢面对佛是不敬的，住持应在每座香案前放把木梳，供善男信女梳头。"

第八章 推行企业创新文化：让每一个员工都成为企业创意先锋

住持觉得有理，于是买下了10把梳子。

C来到一座盛名远播、香火极旺的深山宝刹，对方丈说："凡来进香之人，多存一颗虔诚之心，宝刹应有所回赠，保佑施主平安吉祥，鼓励人们多行善事。我这里有一批梳子，您刻上'积善梳'三字，然后作为赠品，定能为宝刹带来更多香火。"方丈听罢大喜，毫不犹豫地买下了1000把梳子。

（8）奥斯本检核表法

奥斯本检核表法是以该方法的发明者奥斯本命名的。这种方法引导人们在创新的过程中对照9个方面的问题进行思考，以启迪人的思路，促使人们想出新的方法和方案。奥斯本检核表法对创新的方向提出了具体的指引，因而具有较强的操作性，效果也比较理想。下面列举出这9个方面的问题。

能否他用：现有事物是否有他用？在保持现有事物功能不变的情况下，能否将其用途扩大？对现有事物扩展认知的思路，对功能、技术、应用、材料等做微小的改变，看看能否有其他的用途？

能否改变：能否对现有事物进行颜色、味道、声音、品种、式样等方面的改变？改变后效果怎样？

能否借用：现有事物能否模仿其他事物？能否借鉴其他事物的经验？以前有没有和其他事物相类似的创造发明？能否将其他创新性设想引入现有成果？

能否扩大：能否扩大现有事物的应用范围？能否为现有产品添加新的功能？通过增加新的零部件，能否增加产品的价值、强度、使用寿命？

能否组合：能否对现有事物的原理、方案、功能、形状、材料、部件等进行重新组合？

能否缩小：能否将现有产品的某些部位缩小、减少或省略，使产品简单化？能否使现有产品实现自动化、省力化、微型化？能否对现有产品进行精简、压缩或分割等操作？

能否代用：能否用其他元件或材料代替现有事物？能否用其他功能、资源、结构、动力、设备、原理、方法、工艺代替事物现有的这些功能？

能否调整：能否对已知布局、既定程序、日程计划、产品规格、因果关系、思维模式进行调整和改善？

能否颠倒：能否将事物的上下位置、正反位置颠倒？

奥斯本检核表法对创造性思维训练有很好的启发作用，它所提出的问题迫使人去进行思考，使不愿思考或不愿提问的人能够尽快突破心理障碍。提问，特别是提出有创造性的问题本身就是一种创新思维的表现，同时可能隐含着一种新的创意。它扩展了人们的思考角度，明确了人们的思维目标，为创造性思维活动提供了最基本的途径，使创新者的精力高度集中，思维目标不断更新，不断创造和构想出新的东西来。

创新是一个永远不老的话题，创新并不是少数几个天才的权利，每个人都能创新。在细节中创新，就是要敏锐地发现人们没有注意到或未重视的某个领域中的空白、冷门或薄弱环节，改变思维，突破定式，最终将你带入一个全新的创造境界，描绘出人生的精彩。

创新方法和技巧，是创新的基础和前提。不懂得创新的方法和技巧而谈创新文化建设，不啻于一个笑话。打造优秀的创新文化，当然得从普及创新方法和技巧开始。只有全员掌握必备的创新方法和技巧，每一个员工都有创新的基本能力和技巧之后，创新才能真正落到实处，创新文化建设也才会有根基。

第八章 推行企业创新文化：让每一个员工都成为企业创意先锋

 大力开展"五小"活动，鼓励人人创新

在企业内建设创新文化，就是要鼓励员工投入创新大潮中来，在企业内形成"人人创新"的良好创新氛围，为员工创新提供成长的土壤和适宜的环境。所以，在企业内的创新，不必贪多求大，而应当立足实际，立足岗位，从"小"做起。因而在企业内大力开展"五小"创新活动，是促进创新文化建设和企业创新潮流的良好途径。

所谓"五小"创新，就是立足于职工本职工作的"小发明、小革新、小改造、小设计、小建议"。正是因为"五小"创新是立足于职工的本职工作岗位，故而创新更能从实际出发，具有相当的实用性；也正是因为"五小"创新的"小"，使职工更容易入手，也更容易获得成就。

>>>>>>>>>>>>>>>>>>>>>>>>>>>>>>>

西部长庆油田公司以基层操作员工为主体，以优化岗位应用为重点，深入开展员工小发明、小革新、小改造、小设计、小建议的"五小"创新活动，取得了丰硕成果。仅仅几年时间公司荣获国家专利100多个，250多项成果应用现场，仅2015年就创造效益千万元，有力助推了长庆油田5000万吨上产和稳产。

公司通过方向引领、资金支持、政策扶持，推动万众创新、技术革新。广大基层操作员工的聪明才智不再受各种客观条件制约，被充分发掘，奇思妙想层出不穷，创新成果不断推出，成绩斐然。几年间250多项成果应用于油气开发、应急抢险、隐患治理等各个领域，72项成果在国家及国际展会获奖，4个省部级劳

企业文化建设：从理念意识到行为习惯

模（高技能人才）创新工作室、10大长庆"工人发明家"、32个员工创新工作室等上百个集体和个人得到命名表彰，中华全国总工会对长庆油田全心全意依靠工人阶级办企业的做法给予了充分肯定。

一些基层工人和职工创新工作室也因此崭露头角。长庆油田涌现出了侯宁、梁东平、程少春、张进龙等一大批众人皆知的"油田发明家"，也不断培育着牛双平、桑小刚、张坤鹏等默默工作的"创新达人"。程少春4项发明成果获国家专利，其所在工作室被陕西省工会授予"十佳职工创新工作室"称号，他本人也走上了央视频道《创新无限》栏目；侯宁工作室技术革新成果在现场推广应用的就有23项，有效解决生产中的"疑难杂症"，产生经济效益上千万元；牛双平等人设计的井口自动化泡排智能注剂装置，已在本单位应用14套，每年增产气量504万立方米，创造效益超320万元。一个小发明、一项小革新、一点小改造，带来的小成果撬动了"大效益"。

要知道，创新不一定是"以大为美"，小创新小发明一样是推动企业进步的重要力量。不要看轻小创新，小创新同样可以创造大价值，小创新也同样可以让自己脱颖而出，实现自己的"大价值"。这样的理念，工作室一定要灌输到员工们的心里，让他们从心里认同这一点，理解这一点，重视这一点，从而乐于从自己的岗位工作中找到创新的"点"，乐于去创新，大胆去创新。这些年有一大批身处一线的平凡员工就凭借小创新脱颖而出，成为公认的创新能手，实现了自己的岗位梦想。

江西省许多企业在工会的组织领导下，不断开展创新活动，一个个岗位创新能手脱颖而出，为企业创造了可观的效益，也让他们自己找到了人生的价值。

第八章　推行企业创新文化：让每一个员工都成为企业创意先锋

中航工业洪都数控机加厂的徐明，先后从事过数控铣工、工艺员、工长、工艺组长等工作，现为中航工业洪都数控机加厂工艺技术室组长，高级主任工艺师。拥有授权专利2项，申请专利4项。先后获得2014年洪都公司劳动模范、"十佳青年""猎鹰之星"、江西省"技术能手""优秀师徒"，中航工业"优秀党员"、杰出青年等光荣称号，并被授予中航工业"L15型高级教练机设计鉴定项目"个人三等功，有"中国蒙皮镜像铣第一人"称号。

江西贝尔有限公司维修组长卢世兵创造的"卢世兵改装底部倒角操作法"每年可以节约工作工时5760小时，维修工时576小时，共节约成本约11万元。

江西昌盛机床有限公司技术员王刚首创的"伞杆一次成型操作法"，已上报国家专利，不仅提高了产品质量，每年还可为企业节约资金20万元。

国网上饶供电分公司余接永和他的团队发明的防蛇金具，设计新颖、独具创新、简单实用；发明的多功能巡线铲荣获国家电网公司"职工技术创新优秀成果二等奖"。截至2015年9月，余接永和他的团队共研发创新成果156项，其中获得国家专利项目23项，为公司创造效益200余万元。

而在"我为企业科学发展献一计"活动中，全省职工提出合理化建议约64万条，提出技术革新10.6万项，发明创造4.01万项，推广先进操作法2.78万项，获得各项专利0.63万项。

小创新，创造大价值。创新并不神秘，创新人人可为。职工创新工作室要着意营造创新的气围，让小创新的理念深入人心。倡导和鼓励大家围绕自己的岗位工作创新，从小处着手，从细处发力，和工作室的同事一起，创出成果的同时，实现自己的人生价值。

越小的创新越容易成功，这种成就感给人的鼓舞是别的奖励难以替代的。如果一开始就选择了太难、太大的创新目标，很可能在一次次看不到希望的失败中，创新的自信心、热情也就渐渐消失。从小创新开始，每次获得小小的成功，必然会鼓舞自己的信心，也将使自己有更多的信心去面对以后可能出现的巨大困难与挫折，并最终战胜它们。对于基层职工来说，"五小创新"恰恰就是帮助自己学好如何在创新路上走得更稳、更快的最佳机会。

"五小"创新活力巨大，企业鼓励员工创新也要以"五小"创新为抓手，在企业内树立"发现问题就是进步，解决问题就是创新"的工作理念，凝聚员工智慧和力量。要让每一个员工都认识到，参与"五小"创新，能够为企业生产破解难题，降本增效，能够提升自身业务技能素质。只有形成"人人参与创新、事事可以创新"的浓厚氛围，才能使创新在企业发展中发挥出更大的作用。

⑥ 创建企业"创新工作室"，引领创新潮流

为全面推进"万众创新"，一些企业率先开展创建企业"创新工作室"活动，以此带动企业的创新，并取得了丰硕的成果。实践证明，创建"创新工作室"，有利于企业创新活动的全面开展，也有利于创新文化的大力推进。因而企业在着力推进创新文化建设时，不妨把创建"创新工作室"作为重要抓手，以引领企业内的创新潮流。

创新工作室是近几年的新事物，但极大地促进了企业的创新。为了进一步推进创新工作室的创建工作，中华全国总工会提出了一系列积极有效

第八章 推行企业创新文化：让每一个员工都成为企业创意先锋

的意见。2017年7月，中华全国总工会更连发两份文件，即《中华全国总工会关于进一步深化劳模和工匠人才创新工作室创建工作的意见》《全国示范性劳模和工匠人才创新工作室命名管理工作暂行办法》，对全国上下创新工作室的创新工作提出了总体的要求和具体的规范。

按照《中华全国总工会关于进一步深化劳模和工匠人才创新工作室创建工作的意见》文件中的说法，创新工作室是由较强技术能力、业务能力、创新能力和管理能力的劳模、工匠人才领衔，以技术创新、管理创新、服务创新和制度创新为主要内容，以解决工作现场难题、推动所在单位创新发展为目标的群众性创新活动团体。在企业全面推进和深化创新工作室的创建工作，其根本目的就是为了大力弘扬劳模精神、工匠精神、劳动精神，提高广大职工的职业道德、创新能力和技术技能素质，发现和解决工作现场的急、难、险、重问题为重点，广泛开展技术创新、管理创新、服务创新、制度创新，不断提高创建质量和运行实效，最大限度地实现创新工作室示范引领、集智创新、协同攻关、传承技能、培育精神等功能，团结和动员广大职工积极投身群众性创新实践，加快形成人人敢创新、人人会创新、人人善创新的良好局面，打造一支规模宏大、技能精湛、素质优良、结构合理的技术工人队伍。

因而，创建创新工作室无疑是进一步提升企业创新能力、打造企业创新龙头的好方法。很多企业从创建工作中尝到了甜头，不仅获得了无数的创新成果，更是培养了一大批创新型人才，为企业的创新发展打下了坚实的基础。

>>>

浙江岱山县的电工创新工作室，专注于企业科技创新，走出了刘海平、李建强、邬大伟、黄宽平等能工巧匠，先后摘得舟山市职工高技能人才创新工作室、浙江省职工高技能人才创新工作室、全国工人先锋号等荣誉。目前已拥有一支来自化纤、船舶、汽车配件、电力水利等行业共67家企业150名电工的坚实队伍。

企业文化建设：从理念意识到行为习惯

3年前，岱山只有5个电工技师，专业人才短缺，企业也迫切需要高技能人才助推转型升级。顺应职工、企业等多方需求，岱山县总工会于2013年11月创建了岱山县电工创新工作室，致力于打造一支素质精良、业务过硬、适应经济社会发展需要的科技型电工人才队伍。

工作室第一批成员来自岱山35家企业的46名电工。"系统学习、科学培训、全面交流"这一初衷支持着工作室走过了1000多个日夜。3年来，电工创新工作室一共进行了570余次的内部交流学习活动，开展了28次规模不一的各类专项业务培训，参加了12次各类专家、教授的知识传授与经验交流活动，推出"师带徒"等创新举措。

工作室充分利用业余时间开展活动，几乎每晚都有成员在工作室；每周日晚开展一对一帮教；每季度开一次座谈会，讨论和总结工作室开展情况。企业电工在工作室探讨工作中存在的问题，找到解决方案。

2014年，由刘海平师傅负责的舟山市银岱汽车零部件有限公司攻关项目，主要对银岱EPP车间4台30千瓦循环水泵进行改造，达到了节能环保的功效，不仅提高了设备利用效率，而且为企业每年节约资金10万元。

在企业创新的进程中，广大一线工人是创新发明的生力军，创新工作室的带头作用、教育培训作用，极大地把创新工作室先进的创新方法、良好的创新氛围和珍贵的创新经验传播给更多的企业员工，充分发挥了企业劳动模范、优秀工匠和优秀职工的示范、带头和引领作用，带动企业的全体职工都积极热情地投入到创新大潮中来，从而全面激发员工创新意识、发挥每一个员工的聪明才智、汇集创新能量，为企业创造出更多的创新成果，培养更多的创新人才，为企业创新提供巨大能量，促进企业创新，引

第八章 推行企业创新文化：让每一个员工都成为企业创意先锋

领企业迈上新的台阶。

 弘扬"创客文化"，鼓励微创新

在竞争如此激烈的社会大环境中，企业和个人的处境同样艰难，如果不思进取、不努力创新，势必会被时代淘汰。而且企业在前进的过程中，往往受制于员工。员工是企业的根本，如果企业大胆创新，员工却没有跟上企业的步伐，那么就会严重阻碍企业发展的步伐。所以更多的企业不仅重视企业的创新，更重视员工本身的创新能力和素质的培养，大力营造一个"人人创新"的环境，鼓励员工勇当"创客"，大力弘扬"创客文化"，以激发员工的创新活力。

创客文化并不是一个新鲜词。创客文化（Maker culture）是一种亚文化，是在大众文化当中产生的变种文化。原本意义上的创客也与这里我们所说的"创客"有一定的区别。原本意义上的"创客"，是一群酷爱科技、热衷实践的人群，他们以分享技术、交流思想为乐，以创客为主体的社区则成了创客文化的载体。创客的兴趣主要集中在以工程化为导向的主题上，如电子、机械、机器人、3D打印等，也包括相关工具的熟练使用，如CNC、激光切割机等，还包括传统的金属加工、木工及艺术创作，如铸造、手工艺品等。他们善于挖掘新技术、鼓励创新与原型化，他们不单有想法，还有成型的作品，是"知行合一"的忠实实践者。他们注重在实践中学习新东西，并加以创造性地使用。由此形成了颇具特色的"创客文化"。

>>>

创客这个名词来自英文的 Maker，即创造者，指的是那些出于兴趣与爱好，把各种创意转变为现实的人。创客文化起源于美国的车库文化。人们将车库、地下室改造成了家庭制造车间。像惠普、苹果、谷歌等知名企业都经历过"车库创业期"。

创客文化的一个特点是"创造"，另外一个点就是"分享"。Maker Faire 是目前全球最大的创客们展示与分享作品的嘉年华活动。2012 年深圳柴火空间获得美国《Make》杂志官方授权，举办了第一届 Maker Faire 中国版活动——制汇节·深圳。

2014 年 6 月，奥巴马举办了首次"白宫 Maker Faire"，同时发布了"创客国家"计划（Nation of Makers）：让美国的学生和企业家拥有创新的力量，成为未来的发明创造者。2015 年，中国国家总理李克强参观了深圳柴火创客空间。2015 年 3 月，创客被正式写入《政府工作报告》中。自此，中国的创客文化开启了全新的一页。

当然，我们这里的"创客"与原本意义上的创客还是有所不同的，我们只是借用了这一名词，实际的意义是指"乐于创造和创新的人"，并不限于原本意义上创客们所涉及的那些领域。

换句话说，我们所说的"创客"，具有更广泛和普遍的意义，指的是所有创新创意的人群。他们善于挖掘自己的创新潜能，不管身处哪个领域或是哪个岗位，都积极探索、大胆开拓，都有新点子、新观点、新发明产生。这样的"创客"，当然是打造创新型企业最需要的人才。当前随着全国上下"大众创业、万众创新"活动轰轰烈烈的开展，企业和员工群起而应，这样的"创客"也各地纷起，成绩卓著。

在广东，南方电网的"电网创客"们积极引领电网技术进步，开展前沿技术和主营业务关键技术研究，成立了技能专家工作室、职工创新工作室共 65 个，智能电网、绿色环保、节能经济等方面投入创新，并因地制宜地结合"互联网+"，掀起了科学

第八章 推行企业创新文化:让每一个员工都成为企业创意先锋

技术创新热潮,引爆和实现了职工的创新梦想,给电网运行提供了科技支撑,提高了供电可靠性,提升了客户服务水平,为社会经济发展提供了有力的供电保障。

500千伏桂山变电站位于广东中南部,是广东复杂大电网的枢纽变电站之一,设备运行要求非常高。为了维护好设备,桂山站的"创客"们用一个"大眼萌"机器人代替人工,对设备进行全方位巡视。形态可掬的"大眼萌"除了完成读取仪表、油位数据等日常巡视,还能发现人工难以发现的问题,可以不分昼夜、冒着雷电暴雨,自行完成巡视任务,并通过3G远程传送数据。设备巡视效率高、数据精准,保障了设备的正常运行,提高了电网的安全可靠程度。除此之外,无人机技术、三维可视化技术、智能导航技术……这些炙手可热的技术都成为电网创客实现的"助手",帮助实现供电服务更安全可靠、更经济高效、更环境友好的创新梦想。

陕西神南红柳林矿业公司也顺势而为,通过创办"创客工厂",设立创客专项资金,成立创客评审委员会,建立创客薪酬奖励机制等一系列新举措,将"人人都是创客,事事皆可创新"变为了现实。

神南红柳林矿业公司充分利用"互联网+创新",通过整合网络资源、硬件资源、人力资源,成立1个网络创新孵化总站,下设26个创客分站、73个员工专业创客小组。建立了4个创客平台:创客工厂、创客试验室、创客微信平台和劳模创新工作室。网络创新孵化总站提出创新意向、交流创客经验;创客分站立足生产一线,整合团队资源,针对安全生产、设备技术、采掘工艺等方面存在的瓶颈问题开展重大项目创新攻关;创客小组针对生产环节、岗位技能开展创意设计和小改小革,改进和提升生产工艺;劳模创新工作室由劳模牵头组织相关专业技术人员开展重大专项研究，以求突破专业项目上的核心技术。而整个"创客工厂"对全体创客予以开放，员工在这里可以对各类创意进行试验、改进和制造，进行成果转化。报废的设备、替换下来的零件，在"创客"们的眼里都变成了"宝贝"，大伙将电机拆开，齿轮、铜线、磁铁等零部件就能完美转移到他们研发的设备上。通过"创客"的创意，对废旧材料、设备进行分类、组装、加工、维修再利用，搭建从人才培训到产品创新制造的流水线，实现了企业"创值增盈"与员工个人价值的"双赢"。与此呼应的首个线上创客空间孵化平台——红柳林创客微信平台也已经上线运营。这些措施都大大激发了员工的创新热情，各个领域积极创新，人人争当"创客"，创新已经成为企业的风气和时尚，也成为企业发展的不竭动力。

将"创客文化"引入到企业创新文化当中，会更好地激发员工的创新热情，打磨创新精神。创新不仅是企业的事，更是员工的事。企业为员工创造好的创新环境，员工则需要主动积极地投入到创新中来，自动自发地挖掘自身的创新潜能，发挥自己的聪明才智，做一个勇往直前的"创客"。不仅是为企业发展做贡献，更是为自己的未来奠基。

从企业的角度来讲，员工必须与时俱进，紧跟企业的步伐。员工在改变和创新过程中，也在提升自己，这样才能紧随企业步伐。因而"创客文化"对于打造创新型企业、构建企业的创新文化，具有特殊的意义。企业引入"创客文化"，不仅有助于企业更加重视创新，鼓励创新，推动企业的创新发展，而且对于员工点燃创新热情，大胆开拓，勇当"创客"，挖掘自己的创新潜能，依托创新让自己变强、变精、变得更优秀，同样意义不凡。更多的员工投入到创新大潮中来，从自己的工作中、从日常的小事中、从微末的细节中，寻找创新的机会，发现创意的苗头，探索创新的方法。千千万万的员工进行的"微创新"同样可以汇成巨大的创新洪流，收获丰硕的创新成果。

第九章 贯彻企业管理文化：让企业文化有效落地

企业文化建设的最终落脚点是企业管理。如何通过企业文化建设促进企业管理，扩大企业影响，提升企业效益，增加企业竞争力，是企业文化建设的终极目的。如何在企业管理中渗入文化理念，让企业文化有效落地，是管理文化的要义。

企业文化建设：从理念意识到行为习惯

① 以企业核心价值观管理企业

前面我们说过，树立企业的核心价值观是企业文化建设的重要内容。企业的核心价值观是引导企业所有行为的前提，像旗帜一样飘扬在企业行为的前方。因而，企业管理一定要以企业的核心价值观为导向来进行，否则就会南辕北辙，管理和文化分离，就会大大削减企业文化的影响力，也使管理一片混乱。因为核心价值观正是促使整个企业具有使命感、责任感和相互认同感的关键。

企业的价值观就是企业领导者和员工对企业经营活动和行为的评价，包括企业存在的意义和目的、企业各项制度、企业中人的行为等，企业价值观为企业的生存和发展提供了方向和行动指南，为员工形成共同的行为准则奠定了基础。也是企业在经营过程中坚持不懈，努力使全体员工都必须信奉的信条。这样的信条指导着企业上下所有成员的行为和思想。

"理念优先于制度，制度重于技术"是一个为大家所接受的理念。企业的核心价值观实际上是企业一切理念、制度、技术的基础，技术优势及其所表现出来的竞争能力，是企业核心价值观的产物和体现。拥有正确的核心价值观，并形成以价值观为核心的企业文化，才能形成企业的核心竞争力。国际上的一些研究成果也证明了这一结论。

>>>>>>>>>>>>>>>>>>>>>>>>>>>>>>>>>>>>>

美国哥伦比亚大学商学院"跨国公司竞争力"课题组在研究世界500强企业时发现：这些企业所树立的核心理念几乎很少与商业利润有关。日本政府在总结明治维新时期经济得到迅速发展

第九章 贯彻企业管理文化：让企业文化有效落地

的经验时，发表过一份白皮书，把日本经济发展归结为三个要素：第一是精神；第二是法规；第三是资本。这三个要素所占的比重分别是：精神占 50%、法规占 40%、资本占 10%。这一结论说明了精神要素、文化要素在企业经营和经济发展中的重要作用。

美国的兰德公司、麦肯锡公司和国际上其他管理咨询公司的研究结果表明：世界 500 强胜过其他企业的根本原因，就在于这些企业善于为自己的企业文化注入活力，特别注意团队协作精神、以客户为中心、平等对待员工、激励与创新等企业核心价值观的培育与改善，形成企业的文化力，以保证企业长盛不衰。

英籍美国学者查尔斯·汉普顿和阿尔方斯·特龙佩纳对美、英、德、意、瑞典、日本、新加坡等 12 个国家 15000 名企业经理进行了调查，结果表明：不同的企业在创造财富的过程中都受到各自独特的价值体系的影响。可见，核心价值观在企业以及其他组织的建设中处于核心地位。知名企业家谭小芳表示，一个企业要想获得核心竞争力，必须从建立核心价值观入手，建立以价值观为核心的企业文化。

中国的企业在经历了重视财务、重视营销、重视技术的阶段后，终于走到了重视人的阶段，认识到了人才是企业的根本。怎样才能凝聚人并最大限度地发挥人的潜力呢？答案就是：建立核心价值观及以价值观为核心的企业文化。鲁迅说："人是要有一点精神的。"企业也是需要有精神的，需要用精神来组织人，并产生凝聚力和创造力。这种精神就是以企业价值观为核心的企业文化。

价值观对于企业管理的作用不言而喻。相同的价值观会使管理变得轻松和简单。《孙子兵法》云："上下同欲者胜。"当企业上下，从董事长到基层员工都认同了企业的核心价值观以后，企业就会发展得更好。所谓

"道不同,不相为谋""不是一家人,不进一家门""物以类聚,人以群分",价值观一致,大家的心才会在一起,力才会使到同一个地方,企业才会向同一个方向前进。如果价值观不同,那么企业就会人心涣散,各行其是,根本管理不好。

所以最高级的管理,实际上是把核心价值观贯彻到底,用价值观推进管理,达到"无为而治"的目的。这就是最高境界的管理,没有管理的管理。因而,在进行企业管理时,务必将企业的核心价值观融入其中,使企业核心价值观成为引导企业行为的标准。

② 让企业文化理念贯穿管理的始终

企业文化理念是企业所形成的具有自身特点的经营宗旨、价值观念和道德行为准则的综合。一个企业之所以能够长期给人与众不同的行为识别,企业的成员能有与众不同的精神风貌,关键是企业有与众不同的企业文化理念。如海尔的"真诚到永远",支撑着海尔与众不同的服务质量;沃尔玛的"永远让顾客买到最便宜的商品"的理念,决定了它在全球范围内实施着最低价的商品采购战略,其一切经营管理手段都与此理念不无关系。

企业能否把这些理念落实到具体的行为上,决定着企业理念形象的建立度。如果海尔的"真诚到永远"只停留在口号上,没有落实到经营管理的每一环节上,市场是不买账的;同样,如果沃尔玛没有把"永远让顾客买到最便宜的商品"的理念落实到经营管理的每一环节,落实到每一名员

第九章 贯彻企业管理文化：让企业文化有效落地

工的行为上，那么顾客也将离它而去。所以，大众接受企业的文化理念，绝不是接受一句漂亮的口号，而是接受这些理念渗透到每一名员工的灵魂深处后，外化出来的日常行为习惯。

因而，企业管理必须把企业的文化理念贯穿进去，在管理的每一个环节都应导入企业文化理念，让企业文化理念贯穿企业管理的始终，从而使管理更有效率。

我们走进一个企业，不管是大是小，稍稍留心，往往就会看见其楼体、走廊的墙上贴着诸如以人为本、诚信经营、创新务实等有关企业文化的标语。这些贴在墙上的很多内容其实都是企业文化所要表达的含义，是企业文化理念的体现。然而，企业文化是一个企业的灵魂，不能止于墙上，更应浸润到员工的理论与意识中，最终形成推动企业发展的凝聚力。仅仅挂到墙上、喊在嘴上，都是没有用的。当然每个员工习得企业文化精髓的过程并不是一蹴而就的，企业文化的建立涵盖了企业管理的方方面面，如文化观念、价值观念、文化制度、道德规范、行为准则等，这就要求企业管理者在确定经营方向、目标和塑造企业社会形象时把企业文化理念贯穿始终，让人们切实感受到企业文化的存在与力量。下面就介绍一些管理的艺术和方法。

(1) 大张旗鼓地宣传和推广企业的文化理念

要让每一名员工都知道、理解、领会企业的文化理念。具体形式活动可以多种多样，如果能借助媒体更好。把企业的文化理念以及由此理念派生的理念系列，结合企业的视觉识别和行为识别，使之标准化后印制成册，成为企业员工随时随地可以浏览学习讨论的标准，让员工对本企业的文化理念了如指掌。

(2) 开展企业文化理念培训

要让企业文化理念贯穿企业管理的始终，开展企业文化培训也是一种比较有效的方式，通过培训整合以核心价值观体系及辅助价值观为主的企

· 205 ·

业文化理念，结合中长期发展战略规划对企业文化现状与未来的差距进行分析，让每一个员工都深入理解企业文化理念的重点内容，并将这些理念化作日常的工作行为，让文化理念轻松落地。要把培训工作作为日常性工作。不但新员工要培训，老员工也要经常轮训，尤其领导班子更要经常地学习、训练和研讨。同时，也要不断完善操作流程和制度，使每一流程都能体现出理念的精髓。领导要带领全员不断推陈出新，充分发挥领导的影响力。

(3) 寻找企业文化理念的代言人

要让企业文化在员工心中由墙上干瘪的文字符号变得丰满具体，管理者就要将企业文化理念"人格化"起来——也就是找到一个企业文化理念的"代言人"。可以采取树典型、奖模范、倡导行为等多种方式。如在企业中树立一个符合企业文化理念的先进典型，给企业中其他员工提供一个鲜活的、可供仿效的榜样，对企业文化的形成和强化可以起到极为重要的作用。还可以通过各种表彰奖励活动、文娱活动等，把企业中发生的某些事情戏剧化、形象化，生动地宣传本企业的价值观，使员工通过这些生动活泼的活动来领会企业文化理念的内涵，让企业文化理念在管理过程中时刻与员工相伴。

企业只要坚持不懈重复这些理念，并将这些理念落实于企业日常的经营管理工作中，日积月累，企业的理念必将通过全员的日常行为体现出来，形成企业的整体统一的表现。企业文化理念的落实不是朝夕之功，需要恒久坚持。

俗话说："一年的企业靠管理，五年的企业靠制度，百年的企业靠文化。"只有让企业文化理念深入到管理的方方面面、细枝末节，让企业文化理念动起来、活起来，企业的精神才能浸润到员工的血液中，最终推动企业的发展。

强化民主管理，尊重每一个人

企业要可持续发展，必须与职工之间建立起一种"相互尊重、平等合作、共谋发展、共享成果"的和谐关系。这样，企业在为社会多出产品、提供劳务的同时，能够聚才、爱才、用才、育才、多出人才，促进职工的全面发展。这也就要求企业要以人为本，尊重员工、信任员工，让员工全方位地参与企业的管理，把企业当成自己的家，把自己当成企业的主人，从而心甘情愿地为企业付出一切。这样的管理，无疑是高层次的、高效率的。这种管理模式，就是企业民主管理。

2012年2月，《企业民主管理规定》印发，这是一份规范性文件，是企业民主管理发展的重要标志，为推进厂务公开民主管理提供了强有力的规范性依据。自此企业民主管理进入到了一个新的历史阶段。

国家层面的企业民主管理，是指企业职工依照法律法规和政策规定，参与企业决策、管理和监督，企业的经营管理者尊重、支持和保证职工知情权、参与权、表达权、监督权等民主权利行使及落实的有组织的制度性、规范性活动。其主体是企业的经营管理者和职工，涵盖了企业中经营管理人员、技术人员和生产一线人员等全体人员。包括职工代表大会（或职工大会）制度、厂务公开制度和职工董事职工监事制度。职工代表大会是企业实行民主管理的基本形式。厂务公开、职工董事和职工监事制度、职工民主管理委员会、民主议事会、劳资恳谈会、民主协商会是民主管理的其他形式。

企业文化建设：从理念意识到行为习惯

落实到具体的企业管理上，民主管理的关键是要着力营造员工广泛参与民主管理、民主监督、民主决策的民主氛围，吸引员工参与到企业管理中来，并且在企业管理之中融入民主管理的理念和方法，倡导以人为本的理念，有效地维护广大员工利益，激发员工的工作积极性、创造性。要以管理为手段，营造以人为本的氛围，充分发挥人的主观能动性，通过良好的人际关系和文化环境的营造，使员工的潜力得以充分发挥，把共同的奋斗目标确立起来。这种以人为本的理念，同时也是企业文化建设中企业培养员工的共同目标，让员工在企业共同愿景的实现中有所为，使其实现自身利益与自身价值的统一。

同时企业要多为员工办实事、办好事，帮助员工增强生存和发展能力，尊重员工的人格，维护员工的尊严，让员工切身感受到企业的关爱。高度重视和维护职工群众最现实、最关心、最直接的利益，倾听职工呼声，了解职工意愿，关心职工疾苦，为职工诚心诚意办实事，竭尽全力解难事，坚持不懈做好事，确保职工工资按时发放，劳动条件有所改善，人身安全有保障。从这点上看，企业民主管理与企业文化建设密不可分，通过多种形式的思想教育，把企业的发展目标、企业精神、企业核心价值观根植于员工心中，让员工产生强烈的使命感、荣誉感和责任感，员工的工作积极性、主动性和创造性将更加有效地被激发，企业和员工达到双赢。通过推行企业文化理念与行为来实现企业民主管理，依靠企业理念的深入贯彻和指导，让企业行为有坚实的基础、远大的目标和现实的依托。企业行为通过自己丰富的实践，把企业文化理念推到一个新的起点。

总之，企业的民主管理是全体员工的广泛参与过程，通过民主管理可让员工认识到自身的价值，将企业命运、发展创新与自己的命运相结合，员工的精神和行为与企业融为一体，逐渐就会形成优秀的企业文化。通过民主管理，将凝聚员工力量，培育共同理想，将国家责任、行业贡献、市场地位作为价值目标,将个人理想融入企业共同理想,让员工对企业精神、共同价值观的认同,形成推动企业健康发展的强大合力,从而推进企业文化建设发展和经营工作的可持续发展。

善用激励管理,充分激发员工的潜能

管理是一门艺术,而激励管理则是艺术中的艺术。激励是通过一定的方式方法把人的潜能激发出来,进而提高工作的进程及效率的一种管理方式。内容上包括物质激励和精神激励,方式上有正激励和负激励。

激励管理在现代企业管理中作用非凡,良好的激励可以大大提高员工积极性,激发员工深藏的潜能,提升企业效益,使企业迈上新的台阶。而不合适宜的激励则极有可能毁掉员工的工作热情,甚至毁掉企业。

宁波有一家为电子产品生产零配件的工厂。由于工厂的技术过硬,生产效率非常高,一度夺得了业内龙头老大的地位。不曾想随着效益的增高,公司内部的矛盾也接踵而来。

这是因为工厂内部的激励政策不当,该奖的不奖,该罚的未罚,奖了的不满,罚了的不愿,未奖的更不满,未罚的同样不愿,导致员工之间缺乏信任,管理层和基层员工都纷纷辞职,就算是留下来的员工,也没有什么工作积极性了。企业不得已给留下来的员工涨了好几次工资,还是无济于事。

那么这个工厂的激励管理到底哪里出了问题,导致工厂面临如此严峻的形势呢?

原来，这家工厂把所有的员工分成三类——普通员工、在编员工和外聘专家。普通工人就是工厂雇佣的那些生产线工人，在编职工大多是工厂管理层，而外聘专家大部分是技术人才，前两者是全职的，外聘专家有兼职也有全职。

每当厂里有了新的业务，或者年底发奖金时，普通员工和在编员工的工资和奖励都是公开发放的，谁多谁少一目了然。但是外聘专家的奖金却是领导单独发红包。由于外聘专家都是专业领域的人才，因此，他们的奖金通常比普通员工和在职员工多出好几倍。这种奖励措施激起了大家的不满。

普通员工和在职员工知道外聘专家的奖金是自己的好几倍后，觉得很不公平。他们觉得大家做的事情都是差不多的，凭什么外聘专家就能多拿那么多奖金。令人意外的是外聘专家也感到很不满意。他们觉得自己是专业人才，经理才给自己这么点奖金，显然没有尊重自己的人才价值。他们甚至觉得自己拿的奖金和其他员工是一样的，也许其他员工是"自己人"，福利可能更多，觉得自己的付出并没有收到相应的回报。

更重要的是，除了一点点奖金，企业再没有其他激励措施给员工，员工的未来和成长几乎不在企业的考虑范围之内，这引发了员工更多的不满。就这样大家都心怀怨言，积极性自然一落千丈。没过几年，这家企业就走向了没落。

可见，好的激励才能真正激发员工的潜能，调动员工的积极性，发挥出他们的力量，从而创造出更大的效益。而不合适的激励不仅达不到激励的作用，反而会导致管理的失败。企业管理中引入激励机制无疑是企业迎接未来挑战的一剂良方。但只有让员工满意的激励措施才是有效的。要建立使员工满意的激励措施，就要立足员工的需要。简单地以经济利益为激励驱动力，忽略了员工的个人价值追求与归属需要，是难以真正激发员工

第九章 贯彻企业管理文化：让企业文化有效落地

的潜能的。激励方式不能用拍脑袋来决定，需要严谨科学的激励机制。要了解每个员工真正的诉求，懂得他们对于发展空间和成长空间的追求，提高员工对组织的归属感，尽可能满足每个员工真正的诉求。

如何激励员工，是一个深奥的课题，需要管理者在管理工作当中深入研究，讲究管理艺术和方法。激励的方法多种多样，下面这些方法，可以参考和借鉴。

（1）物质激励法

虽然物质方面并不是所有人追求的东西，但也不是可有可无的，它是一种最基本的激励手段，也是留住人才的重要方式。物质方面的激励包括工资、奖金、公司福利等方面的内容，获得更多的物质激励是很多员工最基本的愿望，是满足员工基本需求的重要一项，能够促使其更加主动卖力地工作。

（2）尊重激励法

发自内心地尊重员工会给员工极大的满足感，从而激发工作热情。尊重是一种最人性化、最有效的激励方法，管理者如果能够发自内心地尊重每一位员工，那么员工对企业的回报将是极大的。

与尊重相关的激励方法还有赞美法、荣誉法、情感法。每个人都渴望被人赞美，无论他口头上承认与否。好员工不是管出来的，而是夸出来的，懂得利用赞美的力量的管理者，无疑是聪明的。管理者对于员工的肯定，会让上进的下属感觉被重视，让他们更有信心和动力去面对以后的工作，也能够起到树立榜样，引导其他员工向他们学习的作用。所以管理者可以善用管理艺术，以口头表扬、公开表扬、及时表扬等多种形式告诉下属他做得不错，这种不花钱的激励方式能够有效地激发团队活力。

荣誉同样是对员工尊重的表现，给员工一个响亮的头衔，就是给他们莫大的鼓励。人们都需要被肯定，一个人如果在努力之后得不到肯定，就会感觉到压抑和消极、没有努力的意义。给优秀的员工颁发荣誉称号，让他们感觉到自己是优秀的、是被公司所认可的，这更能够激发他们的工作激情，创造出更好的成绩。如果说自我实现是人类最高层次的需要，那么荣誉就是一种终极的激励手段。

情感激励同样重要。人是情感动物，人的行为是靠情感支配的，所以要调动员工的积极性，情感投入尤为重要。

(3) 目标激励法

即把适当的目标与合理的奖励结合起来，调动员工的积极性。将总目标分解为季度目标、月度目标、每周目标、每日目标等，员工每日、每周的目标要设置得合理，让员工觉得努力挑战一下能够实现，对应的奖励也要让员工知道。同时可以建立对比，将员工上个月完成了多少，昨天完成了多少等数字进行对比，来激励员工。把目标和奖励办法相结合，让员工知道自己的工作情况是和目标实现的奖励紧紧相联的，从而提高员工的战斗力。

当然激励的方法绝不仅仅只有这些，还有很多值得尝试的激励方法，如惩罚激励法、沟通激励法、激将激励法等。管理者可以在管理过程中根据实际情况选用不同的激励方式和方法。不过要使激励更加有效，下面这几点是需要注意的。

第一，激励不等于奖励。很多管理者简单地认为激励就是奖励，因此在设计激励机制时，往往只片面地考虑正面的奖励措施，而轻视或不考虑约束和惩罚措施。从完整意义上说，激励应包括激发和约束两层含义，奖励和惩罚是对立统一的。激励并不全是鼓励，它也包括许多负激励措施，如罚款、降职、淘汰等。

在每个企业中，员工都有各种各样的行为方式，但其中有部分行为并不是企业所希望的。对希望出现的行为，公司可以采用奖励进行强化；对不希望出现的行为，按照激励中的强化理论，可采用约束措施和惩罚措施，即利用带有强制性、威胁性的控制技术，如批评、罚款、淘汰等，来

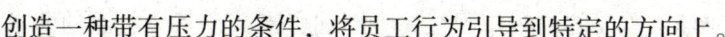
第九章 贯彻企业管理文化：让企业文化有效落地

创造一种带有压力的条件，将员工行为引导到特定的方向上。

第二，精神激励不容忽视。提到员工激励，人们往往想到的就是物质激励。许多管理者认为员工上班就是为了挣钱，因此金钱是对员工进行激励的最有效工具。有些管理者一味地认为只有奖金发足了才能调动员工的积极性。但在实践中，不少企业在使用物质激励的过程中耗费不少，而预期的目的并未达到，员工的积极性不高，反倒贻误了组织发展的契机。美国管理学家皮特指出："重赏会带来副作用，因为高额的奖金会使大家彼此封锁消息，影响工作的正常开展，整个企业的风气就不会正。"

客观看待和正确理解员工的需求，尊重他们的正当需求是激励的基础和出发点。如果对于员工的需求和价值观理解错误，激励也就无从谈起。事实上人不但有物质上的需要，更有精神方面的需要。美国的一项有关激励因素的研究表明，员工把经理对他的赞扬列为所有激励中最重要的。但不幸的是，在这项研究中，58%的员工说管理者一般不会给予这样的表扬。可见企业不能仅用物质来激励员工，精神激励有着不可替代的作用。

第三，平均分配等于无激励。有的企业在建立起激励制度后，员工不但没有受到激励，努力水平反而下降了。原因是没有辅以系统科学的评估标准，最终导致实施过程中的"平均主义"。如评优中的"轮庄法""抓阄法"等，打击了贡献大的员工的积极性。这都是懂得管理艺术的管理者绝不会采用的激励方式。

总之，激励管理对于形成贯彻企业的文化理念、促进企业文化的建设是非常有益的。但进行激励管理时要注意激励程度要得当、激励方向要正确。一般来说，过量的激励和激励量不足，不但难以达到激励的真正效果，甚至还会起到反作用，挫伤员工工作的积极性。因为过低的激励量会让被激励者产生一种不满足感和失落感，进而丧失前进的动力；而过高的激励量，又会让被激励者产生一种过分的满足感，进而丧失上升的动力。因此，管理者在把握激励量时要做到适中，否则，就难以发挥激励的作用。人在不同时期，需要的刺激作用往往会不同，当其在某一层次的需求得到基本满足时，现有的某种激励作用就很难再继续保持。那就需要将激励方向转移到满足更高层次的需求上，这样才能更有效地实现激励的目的。对于管理者来说，应当及时发现员工在不同阶段的优势需求，并及时确定正确的激励方向，以提高激励员工的效果。

⑤ 加强育人管理，大力提供培训学习的机会

优秀的企业往往先人一步明白一个重要的道理：企业的根基是员工！因而，优秀的企业总是最注重企业人才的培养，重视企业的育人管理，为员工提供全方位的教育和培训机会，大力鼓励员工学习，从而培育自己的人才，促进企业的发展。

著名的美国电话电报公司，他们采取的是 70/20/10 育人机制，他们对于员工的教育和培训，70%来自于工作。工作对人最大的回报不仅仅是工资和奖金，还能促进人的能力提升；20%来自于上级领导的指导；10%来自于企业统一组织的培训。对于员工成长的培训需求，公司是全力满足的。

再如海尔公司，要求管理者不仅要管理人才，更要培训人才、培育人才。各级管理者都要"帮助下属成长"，企业更是想尽办法为员工提供更多的学习培训机会，以培育更多的人才，帮助更多的员工实现自我成长，也使企业的人才越来越充实。

第九章 贯彻企业管理文化：让企业文化有效落地

随着职业竞争的加剧，越来越多的员工希望能得到培训提升的机会。研究表明，所有年龄段和技能层次的员工都渴望得到持续的培训机会。剑桥的一项研究调查了全美超过千名处于各个年龄和层级的在职员工，发现他们都将能否提供持续培训项目作为评价公司的一项标准。在国外，企业能否为员工提供培训机会已经是企业招募员工的"金字招牌"之一，有些人之所以考虑"跳槽"，就是因为另一家企业和自己所在的企业不同，能够为自己提供再教育的机会。国内企业却还没有意识到培训这张"金字招牌"。拿高薪水、高职位等吸引人才的企业很多，但用培训吸引人才的企业还为数很少。只有部分企业意识到了育人管理的重要性，持续性地为员工提供培训和学习的机会，并将育人育才作为企业文化建设的内容来全面宣传。

2012年，江苏古南都集团就和南京城市职业学院联办了大专班，34名被录取的员工走进学堂，所有学费由古南都集团支付。古南都集团负责人称，此举是为企业员工提供"发展福利"，促进员工的全面发展。这一举动深受员工的欢迎，古南都集团也因此从中获益，人才吸引力大大提升。

学习和培训的机会是决定员工对工作满意度的最重要因素。企业重视员工的学习和成长，愿意为员工提供更多学习和培训机会，在工作场所中建立学习氛围，同时开发相关技术，便于员工在任意时间里使用任意平台快速学习，这些行为都会获得员工对企业更多的支持和认同感。可见培育企业人才不仅仅是企业发展的需要，更是员工自我成长和自我发展的需要。加强企业的育人管理，不仅有助于企业有更多的人才储备，而且也是满足员工需要的重要方面。所以在优秀的企业文化里，为员工提供更多学习和培训的机会，已然成为企业给员工的福利之一。企业育人管理已经成为许多公司企业文化的重要内容。

但是，现实中企业育人却并不如纸上说来这么容易。有些企业为员工提供了培训的机会，但后期监督没有跟上，学而无用、学后不查的现象比比皆是。有些企业为个别员工提供了可观的培训资金，但员工学成之后便跳槽了，企业人员流失严重。这使得企业对员工的培训心有余悸，不敢"赔了夫人又折兵"，做赔钱的"买卖"。企业这种患得患失就源于他们对员工的培训还没有摆上应有的位置。好的企业并不用担心员工流动，过低的员工流动说明该公司处于一种静止状态，工作轻松的员工可能会比较多。所以企业应该正确看待培训和员工流动之间的关系，清楚地认识到公司只有培养一批优秀员工，才能做大做强，并成为最终的受益者。

每个员工的全面发展都是企业成长壮大的基础，每个人的发展都是社会全面发展的基础，更是社会发展的出发点和归属点。企业只有为员工搭建良好的平台，为员工提供更多学习成长的机会，培育优秀的员工，并做好员工的职业生涯规划，建立良好的员工晋升通道，使学有所成的员工有更好的发展前景，员工的跳槽率才会大大降低。这样一来，企业与员工就能形成利益共同体，最后达到双赢的目的。

同时，企业一定要对培训过程加强管理，保障培训有全面的计划和系统的安排。企业管理者必须对培训的内容、方法、教师、教材和参加人员、经费、时间等有一个系统的规划和安排。要明确企业人才培养的标准和目标，制订计划，确保企业人才培养的标准化、针对性、及时性和有效性。明确企业人才培养的标准，有据可依，能够使工作事半功倍；根据企业需要人才的类型，建立人才培养目标，能够使工作具有针对性，同时根据目标制订计划，确保工作的及时性和有效性。为了提高员工参与培训的积极性，还要建立相应的激励机制。企业在调研中发现，如果不能让培训者在工资、奖励等方面至少维持原有水平，培训肯定会受到不良影响。应该建立鼓励参与培训的机制，员工如果通过培训，达到某种等级，就应该提高报酬。同时要将培训机会向基层的一线员工倾斜，使他们获得更多成

第九章 贯彻企业管理文化：让企业文化有效落地

长的机会。这样，企业的人才队伍才会越来越壮大。

 革新企业文化，建设互联网时代的特色文化

互联网时代，企业为了适应与传统模式完全不同的全新竞争环境和经营环境，必须顺应时代的潮流，变革企业管理方式和方法，改善内部组织机构，构建全新的企业管理模式和企业文化架构。传统的企业文化体系将从根本上被颠覆和变革，呈现出来的是全新的深具互联网特色的企业文化。这样的企业文化与传统企业文化相比有显著的特色。

(1) 企业文化的互动性更加明显

在互联网时代下，人们之间的沟通、交流、学习、生活以及工作的环境都在发生着不断的变化，企业文化的理念、价值观及企业使命和愿景的不断渗透，会更多地体现在与员工的互动之中。鼓励每一个员工参与互动，让所有成员都处于一个资源共享的圈子当中，从而使企业文化产生更大的凝聚力和影响力。许多企业已经开始利用互联资源开始企业文化的全新变革。

>>>>>>>>>>>>>>>>>>>>>>>>>>>>>>>>>

辽宁省展览贸易集团（以下简称"辽展集团"）以实现在互联网时代的转型升级为目标，利用网络媒体，建立平台型企业。通过重塑企业与员工、企业与消费者、企业与用户关系来应对环境的变化，发挥员工积极性、消费者交互性，发挥资源合作效应，提升服务能力，满足消费者和潜在消费者需求，实现企业发展、员工受益、消费者满意的目标。

企业文化建设：从理念意识到行为习惯

辽展集团企业文化的核心价值观是以"两个优先"为基础，即对外以服务客户为优先，对内以职工利益为优先。提出了"以客户需求为导向，建设展商结合、独具文化特色的一流服务平台"的企业愿景，以"感恩、和谐、高效、创新"为企业精神，通过"以诚心感召客户，靠服务赢得市场"的经营理念和"精细化管理，高质量服务"的行为准则，坚持"简单、高效的工作，轻松、快乐的生活"的员工追求，打造企业文化品牌。在此基础上，通过互联网思维下的企业文化创建，将企业与员工、合作方的博弈关系转为合作共赢的生态圈。

一是利用微信、微博等互联网平台，让分享成为员工主动选择融入企业文化的入口，提升服务能力。具体包括：强化培训，打造学习型组织；利用微博、微信搭建企业文化全员营销平台和"分享"平台；建立新浪官方微博，注册6个微信公众平台，扩大辽展集团品牌影响力；集团公司和各二级公司遵循"沟通无极限、传播正能量"的理念，共同创建了8个微信学习群。

二是及时快速回应，让服务永远在线，充分关注客户需求。在"以诚心感召客户，靠服务赢得市场"的经营理念和"精细化管理，高质量服务"的行为准则的基础上，积极以互联网思维的企业文化对现有客户、员工、投资者和潜在客户作出积极的回应。具体包括：开通解决问题渠道、建立微信维修服务平台、搭建多主体参与的服务创新平台等内容。

三是用互联网思维推动企业转型升级，搭建合作共赢的生态圈。辽展集团坚持"以客户需求为导向，建设展商结合，独具文化特色的一流服务平台"的企业愿景，在互联网思维下提出"开放、共享、共赢"，努力把企业打造成一个开放的多方共赢互利的生态圈，实现企业的转型升级。具体表现为：借势而为，资源

第九章 贯彻企业管理文化：让企业文化有效落地

整合。在战略转型过程中，辽展集团业务形成了展览与商业两个中心，并提出互联网思维下行业全产业链的资源整合战略。展览业与阜新、盘锦、丹东、铁岭达成了共同发展的意向，实现了展览产业创新升级。项目朵朵童世界制订了新的转型升级的方案。用互联网思维整合连锁经营、服务性业态成为主体，形成儿童产业经济一体化。

辽展集团以"四三三"（弘扬四种精神：服务优先精神、艰苦奋斗精神、敢于担当精神、超越创新精神；培养三种人才：开拓型人才、服务型人才、实践型人才；建设三个项目：朵朵童世界、地铁商城、新辽展饭店）为主线开展企业文化建设工作，实现了企业、员工、客户三方共赢、和谐发展。

新的时代有新的管理方式和新的企业文化渗透途径。互联网的无尽资源不仅能为企业发展提供无限的发展机会和空间，同样也会给企业文化带来全新面貌。企业要善于利用互联网优势，加速对企业文化的变革，以适应新的时代，新的环境。

(2) 企业文化建设目标更加具体和清晰

在互联网时代，企业文化的构建比传统方式更加具体和及时。通过即时性的网络传递，能使最基层的员工也时刻清楚地知道"此时事情应该怎么办"；企业各项工作的明确标识、口号，通过频繁的网络沟通和协调，使得企业成员之间能快速分享企业价值观，并通过频繁互动共创企业价值观；并通过视频、影像及课堂等更加形象化、具体化的宣传，使企业的基本理念和核心价值观更容易地烙印在员工的心上，在成员心中形成强烈的归属感，更有利于企业文化的落地。

(3) 以人为本的理念更加深入

以人为本是现代企业重要的文化建设理念和思路，互联网浪潮下，"人"的重要性更加突显，以人为本是企业最重要最根本的价值方向。

企业文化建设：**从理念意识到行为习惯**

　　传统时代，员工仅仅是以雇员的身份来参与到企业的经营管理当中。互联网时代，员工的身份逐渐实现了用户化的变革，员工的身份更加自由和自主，更具有主权意识。同时在企业内部环境当中，员工所获得的资源、信息更加丰富和多样化，员工从客观上实现了自身地位的进一步上升和发展变化，用户已经成为了企业员工的一个新的标签。在这一变化中，企业对员工的重视和尊重，对员工需求的满足，个人实现的可能以及人性化的管理制度，以员工为中心，为员工服务的价值理念，都比传统企业文化时代更加深入和广泛。这样的文化，当然会使员工对企业有更强的认同感和归属感，也更愿意为企业付出。

　　企业文化建设的这些变革和创新，是互联网时代的必然结果，新的时代新的环境，企业文化建设必然要融入更多新的方法和思路。这对于企业来说，是极为宝贵的。企业引入新的管理模式，围绕互联网时代的特点，将自身文化打上互联网标签，融入互联网背景之中，这样与时俱进和全面革新，无疑会为企业的发展带来新的际遇。

⑦ 开展企业文化测评，促进企业文化不断完善

　　企业文化测评是指综合运用现代心理学、现代管理学、行为学和统计学等作为理论基础，对构成企业文化的每个维度进行定性和定量分析，从而认知企业文化发展的规律，诊断企业文化存在的问题，把握企业文化改变的方向，促进企业文化不断完善。

　　企业开展企业文化测评，其目的并不限于对企业文化现状进行测评，

第九章 贯彻企业管理文化：让企业文化有效落地

更重要的是把企业的现行文化与企业的未来文化进行对比分析，从而找出差距或者优劣性，确定未来企业文化的定位以及选定合适的企业文化管理变革方案。也就是对企业文化进行一次全面的诊断，并据此发现企业文化建设中存在的问题，寻找完善企业文化的方法和措施。这是很多企业开展企业文化测评的目的。

>>>>>>>>>>>>>>>>>>>>>>>>>>>>>>>

2003年，国际商业机器公司（简称IBM）准备从一个计算机公司彻底转变为服务型公司，因此，他们专门成立企业文化工作小组，在全体员工中开展大规模的企业文化诊断，并邀请全体员工进行文化大讨论。最终，通过大量的数据和员工意见，IBM提炼出来一套适合服务型组织的价值观。文化的转型首先是价值观的转型，报告中大量的数据，员工的看法，促进领导思考，来制订对策。并且针对员工提出的诸多问题，一一制订对策来改进，比如怎么相信员工的对策，怎么更好服务的对策，怎么发挥团队作业的对策，怎么创新的对策。公司通过文化诊断激发了员工参与组织变革的激情，对于组织变革起到巨大的推动作用。

<<<<<<<<<<<<<<<<<<<<<<<<<<<<<<<

测评不是目的，目的是为了改善和提升企业管理。要实现这一目的，就必须利用一定的企业文化测评工具。目前有以下一些工具可以测评企业文化，进行企业文化诊断，发现一些文化建设中的问题，并可以提出相应的解决方法。

(1) 奎因（Quinn）和卡梅隆（Cameron）的竞争价值框架

美国密歇根大学的卡梅隆、奎因教授在《组织文化诊断与变革》中通过最初对组织效率的研究提出了竞争价值框架，并在此框架的基础上提出了组织文化评价量表。该模型比较简单、直观、易用，在当前的企业文化测评中应用范围较广。

他们将企业文化分为两组重要的指标。一组表示企业文化的灵活性和任意性，另一组则表示企业文化的稳定性。灵活性和任意性代表了企业的灵活机动，随意性强，适应能力强；稳定性则代表了企业管理严格，遵守秩序。这两组指标抽象为两组特征，交叉为两个维度，这样就可以分为四个象限。每一个象限代表不同类型的企业文化。四个象限具有各自的特点，最为显著的特征就是他们之间相互独立并且存在一定的竞争关系。一三象限和二四象限上的企业文化完全相反，并且每一个象限都代表企业文化特征的名称，分别为家族型、活力型、层级型和市场型。两个维度划分的四个象限建立了企业的竞争价值框架。每个企业都有一种文化起着主导作用，但是几乎都会有四种文化要素存在，只不过起次要作用。这也为企业文化的变革提供了可能。

(2) 丹尼森组织文化模型

丹尼森组织文化模型是诊断组织文化最有效、最实用的模型之一，是由瑞士洛桑国际管理学院（IMD）的著名教授丹尼尔·丹尼森（Daniel Denison）创建的。丹尼森组织文化模型明确了企业文化与企业效益之间的关系，为考察企业文化与企业的经营管理提供对应关系，也可以找到出现某种管理问题文化的症结所在。

丹尼森的组织文化模型在对大量的公司进行研究后，提出了四种文化特征：适应性、使命感、一致性和参与性。

适应性是指把商业环境的需求转化为企业的行动，主要是指公司对外部环境（包括客户和市场）中的各种信号迅速做出反应的能力。

使命感是指为企业确定有积极意义的长期的发展方向，用于判断公司是一味注重眼前利益，还是着眼于制订系统的战略行动计划。

一致性是指确定价值观和构建强势文化体系，用以衡量公司是否拥有一个强大且富有凝聚力和向心力的内部文化。

参与性是指员工的工作能力、主人翁意识和责任心的培养。企业在这一文化特征上的得分，反映了公司对培养员工、与员工进行沟通，以及使

第九章　贯彻企业管理文化：让企业文化有效落地

员工参与并承担工作的重视程度。

上述四个特征中，每个又各有三个维度，这样就有了12种管理方面的特征。12个维度分别相应地对市场份额和销售额的增长、产品和服务的创新、资产收益率、投资回报率和销售回报率等业绩指标产生重要的影响。丹尼森对这个12个特征分别设置了5个具体的条目说明，一共是60个条目，这些就形成了丹尼森组织文化模型的测评体系。

但是丹尼森组织文化模型应用于我国，存在较大的局限性，所以在运用丹尼森组织文化模型时，需要对模型做出修正和改进。

（3）组织气氛测评

组织气氛测评，是通过问卷来使人们了解组织气氛或工作环境，以及组织气氛是如何产生又是怎样对人们的工作产生影响的。组织气氛不是员工满意度，也不是盖洛普公司著名的Q12测量方法。组织气氛的维度：包括进取性、责任性、明确性、灵活性、奖励性、凝聚性等六个维度。进取性，即建立进取的文化，追求卓越的精神与导向；责任性，即建立自主性的工作流程，鼓励承担责任，适度的风险容忍机制；明确性，即建立企业愿景、方向与目标，明确组织对岗位的目标与期望；灵活性，即克服刻板的管理模式，建立官僚最小化的流程，鼓励创新；奖励性，即建立绩效导向，加强认可与表扬，赏罚分明，令行禁止；凝聚性，即通过团队活动、工作环境、人际互助关系等树立合作与奉献精神，通过营造外部竞争与庆贺胜利等方式营造团队自豪感。

（4）OCP量表

查特曼（Chatman）同奥莱利（O·Reilly）等学者从匹配的角度研究人与组织的匹配、个体结果变量间的关系，通过文献回顾，设计了测评组织文化的OCP（The Organization Culture Profile）量表。

OCP量表从团队导向（team orientation）、注重细节（detail orientation）、进取心（aggressiveness）、结果导向（result orientation）、尊重员工

(respect for people)、稳定性（stability）、创新（innovation）7个组织文化维度进行测量，7个维度一共由54个测量条目组成，每个条目是一条隐含价值观的陈述句。被调查者回答来判断这54个陈述句，每个陈述句要求回答者分两次进行分级，描述所感受到的组织文化及其所期望的组织文化。在研究个人——组织匹配的研究中，OCP量表是最常使用的量表之一。

（5）员工满意度测评

员工满意度调查（Employee Satisfaction Survey）通常以调查问卷等形式，收集员工对企业各个方面的满意程度。员工满意度调查表是一份调查员工对公司管理、制度等方面满意度的表单。是为了真实反映企业管理状况，系统地、有重点地了解员工对企业各个方面的满意程度和意见，检测企业重要的管理举措在员工之间的反应，并及时发现问题，整改问题，避免企业人力资源方面出现大面积的波动。

美国通用电器公司（简称GE）前董事长杰克·韦尔奇曾说过：我们采用年度员工调查的方式，来了解我们的理念在公司里扎下了多深的根。我们用这种调查来帮助校正我们的方向，就像是什么探测器。调查的题目都是直接关于哪些理念的，以及我们的沟通信息是否已经传达到位。很多跨国公司，每年都要委托专业的第三方做员工意见调查或客户意见调查，以了解企业文化建设的实际效果。通过调查，给相关部门做反馈，相关部门根据调查，来作为评价依据的基础和标准，公司可以提出要求，设计改善指标，改善企业管理和提高员工士气。

这类企业文化评价大多要在通用的企业文化评价问卷的基础上，要注意表格上的问题要简洁，切中要害。大而空的问卷，大而空的题目，没人能为问题负责，应该避免。

有一次，一个企业自己设计的员工满意度问卷中一道题目

第九章 贯彻企业管理文化：让企业文化有效落地

是："如果更换你的上级，你是否更满意。"问题的本意是希望调查管理者与员工之间的关系，但是如果用这样的问题测评，就非常糟糕，等于在挑拨上下级之间的矛盾。有的问卷会问："你认同公司文化吗？"这样的直白和敏感问题很傻，员工会毫无疑问的回答"是"。类似"你对公司战略满意吗""你对公司组织结构满意吗""你对公司的薪酬制度满意吗"，这些问题问了之后，根本无法改进，只会让员工更加不满意。

所以在制订量表时要注意评价指标要系统化、标准化、实用化和简约化，要明确评价指标之间要有内在结构和相互作用关系，通过评价数据能分析出真正的问题在哪里。被评价的问题应该能被有效解决，如果不能被解决的问题，最好不要去问。要把复杂的指标变成简约和通俗易懂的问题，以便于员工理解和填答。

除了这些工具，还有沙因（Schein）的企业文化定性分析、霍夫斯坦德的企业文化模型等工具，也可以对企业文化进行测评。不过，不论是哪一种的测评工具，都不可避免有一定的局限性。企业在选用这些工具的时候要预定标准，有目标地选用，并且作适当调整，避开其局限性，使测评更精准，更有效率，更有利于企业文化的改进和完善。